Hannes Stiegler

AF144058

ChronoLogisches 1967 -2013

2. Auflage

Hannes Stiegler

ChronoLogisches

1967 -2013

Lyrik, Sprüche, Prosa (Auswahl)

2. verbesserte Auflage, April 2014

Cover: Zeichnung in Mischtechnik auf Stoff („Wishflag")
entworfen und ausgeführt vom Autor Hannes Stiegler

© 2014 Hannes Stiegler

2. Auflage 2014

ISBN: 978-3-7357-8735-4

Herstellung und Verlag:

BoD - Books on Demand, Norderstedt

Hannes Stiegler malt, schreibt und komponiert nun schon seit einem halben Jahrhundert Sonderbares, Liebreizendes, Sinnreiches, Sinnliches Unverständliches, Unbequemes, Umständliches, und viel Schönes

Die vorliegende Sammlung gibt einen Einblick in das Schaffen des Salzburger Literaten und Musikers.

Vorsatz

Idealismus dehnt sich aus, er reduziert sich nicht!

der Autor 1988

Das Floß der Seele

Kriechend gellt die Glocke weich
Schlagend früher Blätter
Tief des Wagens Deichsel sinkt
Führt hallend seichte Reben.

Suche, suche, dringe tief
Warte nur ein Weilchen
Immer wenn du weiterstrebst
Rührt des Herzens Mut
Pocht der Adern Blut.

Rot des Knaben Wange
Weich des Pfirsichs Kleid
Schwimmt das Floß der Seele
Harrend bess'rer Zeit.   **Juni 1967**

**Der Autor 1968 – gerade zurück
aus Schweden**

1

Rêve du Bachelier

Der Baum war voller Früchte
Birnen oder Pflaumen
Ich nahm und aß
Wir nahmen soviel wir konnten.
Weiche Früchte
Fäulnis triefend
Die Zuckerkruste,
die bei den Stängeln begann
und sich über den ganzen Fruchtbauch
wie dunkler Rost legte, war hart
Das Haus war dunkel
Es war niemand da.
Wir liefen durch das Tor.
Doch, es waren Soldaten da
Wir schrien sie an
Wir stießen sie mit Füßen.
Maturazeugnisse lagen neben den Gewehren.
Der Sohn des Schleiermachers las Plato.
Er las gerne Plato.
Sein Vater hatte ihn gelehrt, Plato zu lesen.
Er sagte auch immer, dass er das nicht bereue.
Es schmeckte fahl im Munde.
Aber ich trank, bis ich nichts mehr spürte.
Die Kruste der Wunde schmeckte nicht gut.

1967, korr. 2014

Ich trau' den Augen nicht

Ich trau' den Augen nicht
Ist's doch Schimmer nur was sie umspült
Sie schenken uns des Daseins Licht,
Doch unsichtbar, in Trug gehüllt,
Dringen sie ein und wühlen im Gehirn.

Du glaubst nur zu sehen,
versuchst das Sein zu klären.
Vermessenheit ist dein Verstehen
Denn Illusionen sind's, die sich vermehren
Und unaufhaltsam
den Strom des Lichts
in vorbestimmte Bahnen lenken.

Du siehst nicht,
Erleiden musst du, was die Augen dir bereiten
Und willst du fliehen und schließt sie zu,
Umso stärker sie im Dunkeln streiten
Die Gedanken, die dich erfüllen Tag und Nacht.
Im Schein und im Schatten verfolgt dich das Licht
Das keines ist -
Ich trau' den Augen nicht!

1968

AUTERZEN [1]

Deines	Herzens	Gunst	mich	taumeln	macht
Meines	Scherzens	Dunst	dich	baumeln	tracht
Keines	Kerzen	Kunst	sich	saumeln	wacht
Feines	Märzen	grunzt	-Strich-	raumeln	sacht
Reines	Terzen	fundst	nicht	**fraumeln**	kracht
Seines	Lerzen	sunst	richt	zaumeln	dacht
Eines	sehr zen	blunzt	ficht	kaumeln	fracht
eies	erzen	unst	icht	aumeln	acht
ees	een	ut	it	aue	at
ee	ee	u	i	ae	a
e	e	ᨸ	ᨸ	a	ᨸ

1968

---

[1] Kultgedicht ca. 1969. Diesem Gedicht entstammt das Wort ‚fraumeln', das uns (damit meine ich mich und meine Runde) in den 60ern tagtäglich begleitete. Zu diesem Zeitpunkt wusste ich noch nicht um die Epoche machende Bedeutung des Wortes ‚fraumeln'. Diese sollte sich erst nach der Rezeption des folgenden Gedichtes so richtig manifestieren.

DAS ERLERNEN DER FRAUMELKUNST

Popenfest
Rinderpest, Pappenstiel, Popelheim
im Apfelnest
Du meine Holde,
schling dein Bein um mich!
Hast ja nur eins!
Stummelkuh!
Das ist ein Kapitel!
Nur immerdar, die Mittel werden rar
Heissa, laudat in mergitur
Absalom **fraumelt** auch
an hin und wieder heißen Tagen
Schon lang trug er's im Herzen
zu **fraumeln** nach derselben Lust
Nichts hat ihm n och mehr gegeben
als diese Kunst,
die noch nie mit Klage aufgenommen
in diesem Lande.

Sentimental sind wir, zu sentimental.
Zu vielen Stimmungen unterworfen
Du musst dies alles mit **Fraumeln** unterdrücken
Unterdrücken und übertünchen
Es geht dir gut, **fraumelst** du gut und regelmä-
ßig.

1969

ÜBUNGS ....[2]

Nie freut er sich vergebens
läuft doch die Zeit ihm weg
Reinen Herzens
Bob Dylan und I shall be free
So hört sich's an und geht
Er geht, sie geht, wir gehen
nous allons, enfants
le mont de Parnasse n'est pas loin!
Da stehen wir vor dir und fragen
Was soll's?
Frankenstein, Sophia Loren
Hechtsuppe im Schwanenteich
dieser Selbstmörder, dieser
na ja, na nein
Lichtmasche, Netzfüllung
Arbeitsabdrang, Unvollheit
Bereitstand und Übelnässe
Freilichtumlauf - heute alles

Okt. 1970

---

[2] Morgenbouquet Okt. 1970 (kleine interne Gedichtsammlung)

Mein Junge.......[3]

Mein Junge, wenn du dich nicht etwas anstrengen
wirst, umsonst ist's,
dir noch weiter Unterstützung zu geben,
wo kommen wir denn da lang,
langer Haufen, ist er insultant veranlagt?
wenn nicht haben
Glocken nicht so schöne schöne
sollst du bleiben die Tiere
im Garten ist schon Schnee
gefallen und Peter antwortet
nicht beziehungsweise reagiert
nicht auf meine Vorwürfe, hat
er immer etwas anderes unter der Gehirnschale.
Kein Manifest, kein Vorbild
keine eigene Erfindung, ich wollte ja nichts finden,
habe nichts gesucht, die Finger rollen, schreiben, hal-
ten den Stift
es kommen Befehle über deren Ursprung ich mir nicht
im Klaren bin
sie befehlen dieses Blatt Papier zu beschreiben
wie kann ein Mensch nur so etwas schreiben?
Na ja, there's a thought
my heart, decide to go
this sentimental journey home
gibt doch nichts Schöneres
Okt.1970

---

[3] Morgenbouquet 1970

Nebukadnezar [4]

Doppellinien verfolgen Nebukadnezar
und verabschieden sich weil
El Condor Pasa die Fliegenpest im Brunnenschacht
zum Sieden bringt.
Worauf SEBASTIAN KRUGBRUDER den
Gipfel mit Obst und Sahne aus
Ostturkestan mit Rindern und Büffeln
Schindern und Trüffeln
Eins zwei drei
jamais deux sont trois
man muss sich aber nicht daran halten
Verlängerung der Waffenruhe am Suezkanal

Okt. 1970

---

[4] Morgenbouquet Okt. 1970

Rexona + HNO$_3$ = Österreich [5]

Ly van richt
Schaufel
////   xxx
☼☼ schön
24+24 .Õ^2.ÆÚ= Mozart
Halbschwul
Dorian Gray
Freiheiten die man
nicht hat
nimmt man sich
sonst werden sie
einem genommen.
Soll ja auch kein weiser
Ausspruch sein,
ist ja konstruiert
danke
Rexona + HNO$_3$ = Österreich

Okt. 1970

---

[5] Morgenbouquet Okt. 1970. Vielleicht sollte man beim Lesen dieses Gedich-
tes daran denken, dass Seife basisch und Salpetersäure eben sauer ist. Aus
der Chemie weiß man bekanntlich, dass die Gleichung basisch und sauer =
neutral existiert

Weißt du was das ist? [6]

Ein Indianerepos mit Fischaugenromantik ?
Ein Vielkaliber ?
Ein Zwei ?
Ein Härtungsfreund mit Abschiedszähnen ?
Fraumeldunst mit Pfadarmheit ?

Sowieso

wieso ?

so wie

so   soja

-

Æ

e

-

Æ

soj ® 12.Jh.

↙ ↓ ↘

soc   sutsch   so

(tschechisch) (baskisch) (deutsch)

LÖSUNG:
Europa geht von hinnen
Verstehst du's jetzt?

---

[6] Morgenbouquet

27. Kapitel [7]

Das ist ein Kapitel
überhaupt
geht
das hoffentlich
nicht noch
nicht
wieviel
Staub brauche ich um zu überleben
ich sterbe frühestens wenn
nicht später dann
Grüße   Hilbert

Okt.1970

1970 Dänemark, an der Ostsee

---

[7] Morgenbouquet Okt. 1970

Morgenstund [8]

Etablierte   Magensaftkamille
Ebierte   Agenskame
  Erte   Anske
  te   ke
  r   a
Eta   Mag
        blierte   ensaft
        kamblierte
Magenetabliertekamillensaftzeugnis
          Zeugnis
er zeugt, sie zeugt
wir, sie, nous, vous, er-zeugen
Kreation der **Fraumelsäfte**
Koalition der Affenarmut
Ich hasse Armut unter
Zwergen lässt sich's
leben die Affen wirklich so
geht's mir wollte ich
nur sagen, sprach's und
hatte genug für heute.

Okt.1970

---

[8] Morgenbouquet Okt. 1970

brainwrite - flying pen - écriture automatique

itzo erreicht, dann erbleicht
verschwindend grün, aufgedunsen, weiß gallertartig
die enden verbogen
wann, wann kommst du?
es ist aus, wieso verzweifelt?
sinn, sieh den sinn!
keine lust?

habe lust - komm hervor aus deiner bequemlichkeit
auf, auf, schelm, marionette
in die große welt,
versteh' doch das ganze
du kannst doch nicht mehr wollen
als die anderen
es ist schein, alles schein
einfältig wärst du
lebtest du das leben des dahinschaffenden
durchbreche die schale deines falschen ehrbegriffes
schwinge dich empor zu luftigen höhen
wunschträume, wunschträume
man will nach vorne
in höhere sphären
man scheitert aber an dem unmittelbaren
das alte übel
es kehrt immer wieder
vielleicht gut so
was würde aus der menschheit werden

wenn jeder so handeln würde wie er dachte
ich möchte es aber trotzdem erreichen
wieso, ja ich schreibe
sinn des schreibens - egoismus
eitelkeit - einbildung
einbildung dieses bessere zu sein
diese einbildung hat ja jeder
man ist doch nur ein rädchen
ein winziges verbindungsstückchen
an dem fast nichts hängt
aber trotzdem, durchaus positiv
vielleicht nicht für die anderen aber für dich selbst
innere ruhe, in-sich-kehrung, durchaus positiv

Zeitvertreib, wer weiß, Berauschung? Millionen Menschen frönen diesem Spiel. Papier, Papier, wenn es dich nicht gäbe. Kugelschreiber, Schreibzeug, verlängerter Gehirngang, schizo, alles schizo, dumm. Man lebt auf großem Fuß, aber doch eine Kunst, eine Art Kunst, Gedanken so niederzuschreiben wie sie kommen. Doch nicht einmal ein elektronisches Gerät wurde mir genügen um die Blitzesschnelle der Gedanken aufzufangen.

technik, tritt zurück
vor des gehirns vollkommenheit.
weiter, weiter,
es wird doch nicht zu ende sein
mit den gedanken?

sie kommen, sie kommen wieder,
der platz wird schon gefüllt.
die finger schmerzen.
wohlgefallen, gutes gefühl,
das gehirn strengt sich nicht an
eine art psychoanalyse
erst bei nachfolgender studie des dargestellten
offenbart sich der witz
nur für mich selbst
unmöglich zu veröffentlichen
obwohl sich der geheime wunsch in mir regt
ich bin der erste, der so denkt
falsch, falsch geraten

ganz falsch
millionen haben schon gelebt
millionen haben schon so gedacht
ja nächstes mal wieder

1970

Der Flug des schwarzen Schmetterlings

Zeig mir den zaghaften Zotenreißer
erblinde in dunkler Sonne
schneegraues asphaltblau
eines nie-endenden Anfangs
eines kaum beginnenden Endes
dem Trotz trotzend
dem Spott spottend
aalglatter Kohlengrieß

mit stechendem Kugelrund
ätzende Muttermilch
am brennenden Eisberg
der zürnenden Jungfrau
dem üblen Geruch
der zarten Honigblume
innigst ergeben

schmilzt alles dahin
im matten Schein
der dunklen Nacht
undurchdringliche Leere
unendliche Enge
des lärmenden Grases

unter der Last des Morgenbluts
dem Winde trotzend
Augenblick im Nichts

sich verwandelnd
im Nichts schwebend

im Nichts lachend
schallend wie
der Schmetterlinge
ächzende Schwingen.

schon tot
im Netz
der Satansspinne.

1970

leben

bevor du noch geboren bist
beginnst du zu sterben
du gedeihst nicht, sondern vergehst,
du zeugst nicht, sondern tötest,
du schaffst nicht, sondern zerstörst
du bist nichts und wirst zu nichts
das leben ist sterben.
das leben ist der tod der tausend martern.

da du also nicht lebst, sondern stirbst,
gestalte dir dein begräbnis
so gut wie du nur kannst.
die liebe ist der ballast, der eichensarg,
der viel langsamer dich zu deiner gruft befördert.
der hass allein ist's, der dich beflügelt,
auf eigenen füßen
den rand des grabes zu erreichen
hasse, dann lebst du kürzer,
leidest weniger und stirbst schneller!

1970

Brebopotzli

Eines schönen Tages wachte ich auf und vernahm in der Ferne ein laues Raunen, welches nach zebrablau roch. Ich ergriff rasch ein Feuerzeug und raste dem fürchterlichen Gestank nach, der überall die Luft schwängerte. Was sich dort vor meinen Augen abspielte, hatte noch kein Wesen vor mir auf dieser Erde wahrgenommen. Ein Rudel affenähnlicher Menschen, oder, waren es menschenähnliche Affen, saß vor einem Teich im Kreise und machte sich an krebsähnlichen Tieren zu schaffen, die sie begierig in ihre weit offenen Mäuler stopften.

Sie hatten mich schon längst bemerkt und fühlten sich ob meines erstaunten Blickes berufen, mich über ihre, eher seltsame Tätigkeiten aufzuklären. In gebrochenem buschschwanzäffisch erklärten sie: „Ahi trilbot!", was dem Sinne nach übersetzt heißt: „Mein Herr, wir sehen ihr verdutztes Antlitz, aber sie sehen doch, heuer ist Trilobitenjahr und wir müssen uns für die nächsten 700.000 Jahre versorgen." Angesichts ihres nahen Todes ergriff mich tiefes Mitgefühl und ich schlug den Geschöpfen vor, sich doch meiner handgemachten Picknick Spiritusflamme zu bedienen, um ihr Abgangsmahl wenigstens halbwegs schmackhaft zu gestalten. "Grako flunsch ban hushi brebopotzli, ensan, ensan, framati gwetschto impopo!!" begann die Runde aufzumucken, was so viel hieß wie: „Pfui Spinne!".

Ein, den anderen an Körpergröße und Benehmen überlegenes Geschöpf winkte mir lebhaft zu, und gab mir zu verstehen, mich doch ihrer fröhlichen Runde anzuschließen. Amok, so hieß der gutmütige Riese, hatte schon ein schönes Exemplar jener Fossilien gepackt und bot es mir, mehr hämisch grinsend als offenherzig vergönnend an. Das Geschöpf war ungefähr zwanzig Zentimeter lang und fünf Zentimeter breit. Ich begann mich also zu wundern, wie diese menschenähnliche Affen oder auch affenähnliche Menschen es zu Wege brachten, zwei dieser Tiere auf einmal im Rachen verschwinden zu lassen.

Nichtsdestotrotz öffnete ich meinen ausgetrockneten Mund und ......

1971

Murzenflussbegehrer

Winde schmeißend
verwesend
wie
doch so alt
mit Puder
des Grafenhalters Ohr
Murzenflussbegehrer

1971

Einfahrt nach Paris - erste Impressionen [9]

Schnurgerade, nur manchmal nach rechts oder links
Doch überall stehen sie, diese Schachteln
Keine Häuser, Winkelgefängnisse, grau, grün,
rosa getüncht, hängende Fensterläden,
geschmacklose Reklameschilder, ein Gegensatz freilich,
Vorboten eines fremden, anderen Kulturraumes.
Die Häuser werden zahlreicher, mehr Verkehr,
keine Skyline - Paris!
Verwirrung - Stress. Notre Dame, Seine, Tour Eiffel -
rostige Zähne! Große Erwartungen riechen nach nichts,
nach gar nichts.
Das graue Haus, in dem schon Generationen von
Normaliens ihr Dasein fristen.
Ein übel riechender Concierge mir weit auseinander ste-
henden Zähnen,
die Concierge, mürrisch
Zimmer bezogen.

Versailles 1971

---

[9] Weit war ich ja geographisch noch nicht herumgekommen in meinem jugendlichen Leben. Wie ich so mit einer Kollegin namens Stadler – ich sah sie vorher nie und sollte sie auch nachher nie mehr wieder sehen – im VW Käfer in Paris einfuhr (aus Richtung Nancy, noch auf der Route Nationale), um meine Assistentenstelle in Versailles anzutreten, war das sicherlich ein starker Gefühlsimpuls für mich.

PARISER IMPRESSIONEN

Paris ist groß - Paris ist klein - Paris ist schmutzig - Paris ist prachtvoll - Paris ist Anarchie - Paris ist Bourgeoisie. Paris ist nervenaufreibend, Paris ist pittoresk - ist charmant, ist ....

nicht la Tor Eiffel, nicht Place Pigalle, ist Musik - la Biennale de Paris - Jazz und Freejazzfestival - Orgasmus der Antimusik - eine blaue, riesige, mit Styropor gefüllte Matte im Ausmaß eines Fußballfeldes, voll von hingebungsvoll den tröt-flöt-quänk-Geräuschen lauschenden Leibern - Picknick im Blauen - schreiende Kinder - schreiende Instrumente - stinkende Gauloises - Zigarettenasche auf der Matte, Brotkrümel in der Hosentasche - Antimalerei: schwangere Frau mit verfaulendem Embryo, grüne Seine, grüne Elbe, grüner Canale Grande - der Farbschütter auf der Gondel - Kunst ist nicht mehr Kunst - die veränderte Natur wird zur Antikunst. Antiliteratur : Beckett - Oh les beaux jours, ein Hügel auf der Bühne - der Kopf einer verblühten Schönheit - Geplapper über Zähneputzen und Zeitunglesen - Surréalisme - Sinnlosigkeit der Existenz.

Versailles: Sinnbild vergangener Aristokratie - pompöses Beispiel sinnloser Ausbeuterei - Treffpunkt großer Künstler - Revolution. Internat am Boulevard Lesseps - Zimmer eines Deutschassistenten - Wand mit Postern von Jimmy Hendrix und Bob Dylan, von Innsbruck. Von Stundenplänen und Ansichtskarten beklebt - der Campinggasofen auf dem Schrank - Eier - Schinken und Butter neben Taubenscheiße am Fensterbrett - angeschissenes Butterbrot - Frühstück - stille Tage in Versailles - Viviane spinnt auch in Paris - Nachtlokal Riverside - Tanz bis zum Exzess - ein Volkswagen an den Ufern der Seine - viel zu viele nichts tuende Studenten - gelbe, braune, schwarze, auch weiße - noch 20 Francs bis zum Monatsende - I just don't care - Gitarre Marke Eko an der Wand - Folkclub Rue de l'abbaye - Rauch - heiß - Musik - Fingerstyle - lange Haare, lange Straßen, langes Warten auf Godot - der Hirschtöter frißt sie alle- die neue Revolution der Linken - Oscar Peterson in der Salle Pleyel - Nandi Schraffl - Elfi Pimiskern - Wodka - 7 Stunden Arbeit pro Woche - wasted money - wasted time - ein blinder Akkordeonspieler in der Metro spielt am Morgen um 8 - stinkt nach Pissoir - sture Blicke - ein Termitenbau - stupide Masse - ein blinder Akkordeonist in der Metro spielt am Abend um 8 immer noch falsch - in der Blechbüchse klimpern einige Centimes - Montmartre - Sacre Coeur - Berg der Bohémiens - Café Flore ist das Bazar in Paris - 1/8 Wein 5 Francs - Viviane hasst die Marquis - Viviane hasste Hannes - Viviane liebt Hannes - Viviane spinnt noch immer - Alain spinnt auch, aber anders - wahrscheinlich beginne ich auch zu spinnen - Chinesisch essen - Grand Lit im Hotel Rechaud Versailles - Präservative Marke Prophyltex mit Elastizitätscreme - 10 Francs das Dutzend - sicher wie die Pille - weniger Gefühl als mit Pille - Wiedersehen - Abschied - Wiedersehen - Freude - Tränen - Freude - chute permanente - alleluja!

Paris 1971

1971 – der Autor am Montmartre, Place du Tertre
Foto: Dietmar Sochor, Zell am See

Paris

scheibenkleister heftet die straße mit
oftmaligem standortwechsel
sonst hat es doch nicht so viel
als ich sowieso mit ihm fuhr
prellte er mich 5, 6, bis zu 9 mal am tage
alles das sollte nicht viel zu tun sein

wenn man darüber nachdenkt
hat man nicht viel zu denken
als zu sein
das ist keine frage
mist geht den weg
freundlich abstoßende stille
im verlorenen schacht
up to date
weil es warm ist liegen sie dort
wenn es rinnt das wasser flutet
verbogene zigarettenstummel
unter verbrauchten autoreifen
wallende horden spülen den teich
immer ununterbrochen gehst du
einher, konsumierst
tour eiffel schwefeldunst
kloake des sippengeists
schwarze haut des westens
mindestens so und so viel der flipperautomaten
stete gäste
impressionen von ungeist
abwehr - verlorenheit

1971

Nachduft [10]

Trautes Vergissmeinnicht
Schlummerst leis' im Zimmerlicht
Apfelschalen vom gestrigen Tage
Nackter Mädchenkörper in Seitenlage
Süß-himmlischer Hauch
Cabochard, Zigarettenrauch
Duft einer Nacht
Duft einer Liebe,
die über uns wacht
Ich wünschte, sie bliebe.

Versailles Dez.1971

---

[10] Gelebte Impressionen aus meinem Studentenzimmer im Internat der Ecole Normale d'Instituteurs de Versailles, wo ich als Deutsch Assistent tätig war

Querelle permanente

Zwei Welten im nie-endenden Streit
Körper gegen Geist,
verdrängend die Dankbarkeit.
Interieur gegen Exterieur,
hemmte das Handeln zumeist.
Verhängnisvolles Malheur,
einst schlummernd und lahm,
dem Joch der Liebe verfallen,
jetzt ans Tageslicht kam.

Lasst mir den Handelnden handeln,
tut ihm den Gefallen
und den denkenden im Kosmos wandeln.
Denn, der fehlt weit,
der glaubt, dass in diesen Hallen
die Liebe endet den Geist-Körper-Streit.

1971

Du warst nie du selbst

Verlogen bist du Mensch, verlogen.
Nur Schein und stumpfer Glanz.
Eingekerkert in deiner Maske Trug
trittst du vor die anderen hin
und spielst deine Rolle, deine abgeschmackte Rolle.

Und wie schlecht du sie spielst,
du Narr, gottverdammter Narr.
Bekenne dich, offenbare dich,
verschone die anderen mit deinem Gefasel,
Egoist, stupider und selbstverleugnender Egoist.

Und doch, du armes einzelnes Wesen,
bist du allein, verloren, schuldlos.
Die eklige Masse lechzt nach Lüge.
Sie kann ohne sie nicht sein.
Der unaufhaltsame Strom reißt dich mit,
bis zum Ende, bis du weißt -
du warst nie du selbst.

1972

L'arsouille

assoiffés de sang
les argousins
pourchassent l'arsouille aviné
qui, atermoyant
sous l'avent,
s'approche de l'ânier adipeux,
s'empare de l'attiroir
pour affouiller avec ataraxie
les amis abcédés,
ces adulateurs abrutis
avides de l'aura âpre
et ignorant
l'accroc abyssal
avachis, asthéniques
agonisants
asphyxiés par leur appétence.

Versailles, janvier 1972

Hellbrunn

Ich brauche den Schrei der Gänse,
das Weiß der surrend sich erhebenden Schwäne
vor dem Grau der wartenden Platane;
wartend auf lebensspendende Strahlen
der Frühjahrssonne.

Es gibt mir Ruhe, Muße und Wärme -
mich gebührend des Seins zu besinnen.

Hellbrunn, März 1975 [11]

---

[11] Auf der zweiten Bank von Süden zwischen den beiden großen Teichen.

A mon amour

Tausend Glocken glüh'n
im Sonnenstrahl
mit blauen Köpfen
singen sie durch's Tal.

Ab und zu - im Schwebeflug
ein Schmetterling
sich niederlässt.

Am Kelche behände er sich labt
und bringt dem Leben neuen Mut.

September 1976

PROSAFRAGMENT:
Hotelimpressionen aus Abano

Zunächst war da die englische Lady, langsam, deutlich und zerbrechlich sprechend, die sich tagtäglich über den zu leichten Tee beschwerte aber sonst niemandem etwas zu leide tat. Dann der rüstige, braungebrannte Opa aus Hannover mit seiner Tarzanbadehose. Er hatte es besonders auf „die Mädchens" mit „Figuren, wo alles an seinem richtigen Platz war", abgesehen.

Dann der bayerische Jüngling, der fast mit keinem, außer seiner italienischen Tennislehrerin sprach. Selbst die Mittagshitze konnte ihn nicht davon abhalten, das Racket zu schwingen, denn es galt, mit Magnolia zu spielen.

Dann war da noch die hamburgische Schulmeisterin, die einmal aufgezogen, was pädagogische Fragestellungen anbelangte, kaum abzustellen war.

Dann der schwäbische Werkmeister mit Proletariergesicht und vorbestelltem Kurschatten, der sich tagtäglich in der Sonne braten ließ während er den Bereich des Swimmingpools nie betrat, um sich entweder im Hotelgarten mit Bier vollaufen zu lassen oder den Nachmittag im Zimmer zu verbringen um sich die Kräfte für das Kommende wiederzubeschaffen. Vereinzelt erschien er mit Unterhose und Unterhemd bekleidet, schlaftrunken am Balkon, um zu sehen, ob seine etliche Jahrzehnte jüngere Begleiterin, die übrigens eine interessante Figur hatte - Becken und Taille bildeten eine ungestörte Gerade - ob sie nicht in der Zwischenzeit zu Schaden gekommen wäre.

Dann die Katzenmutti aus Preußen, die immer mit geräumiger Handtasche zum Frühstück erschien um sie verstohlen mit Schinken und Wurst vom Frühstücksbuffet zu füllen und an die räudigen Katzen im Hotelvorfeld zu verfüttern. Ihr Sohn habe auch keine Zeit, er sei wieder in British Kolumbien, Lachse angeln, obwohl man ihm dort selbst, als er sich vor Jahren einmal gebückt hatte und für einen Bären gehalten wurde mit einem Bärentöter dorthin geschossen hatte, wo der Mensch sich mit Vorliebe zum Sitzen nieder lässt.

Nicht zu vergessen die Frankfurter Mutti mit ihrem blonden Sohnemann, die mit zu den ruhigsten Gästen gehörten.

Dann die köl'sche Dame mit den morschen Zähnen, die mir gerade geschildert hatte, dass ihre nach einem Kreislaufkollaps gefallene Freundin nun als Zeichen der Besserung, im Zimmer liegend, schon nach etwas Essbarem verlangte.

Schließlich hat es momentan 39 Grad bzw. die Instrumente an der Wand zeigen 42 Grad. Das Löwen Bräu Pils mit 6,3 Grad schmeckt mir trotzdem oder gerade deswegen.

Ruhig ist es - verdammt ruhig und friedlich. Selbst die französisch sprechenden Juden, die sich zwar meist französisch unterhielten, wenn's schwierig wurde, deutsch sprachen und wenn's nicht anders ging, sich des Jiddischen bedienten. Sie erzählten dem deutschen Dentisten, der seinerseits polnischer Jude war und liebend gerne mit 'salom' grüßte, dass sie '36 aus Deutschland nach Frankreich geflohen waren, sich dort verstecken mussten, weil ihnen Hitler bald auf den Fuß gefolgt sei.

Erwähnenswert: Flavio, der commis de rang. Mit welch theatralischer Leichtigkeit er die Speisen servierte und die Gäste davon zu überzeugen verstand, doch noch von diesem oder jenem zu probieren, obwohl ihre Aufnahmefähigkeit längst erschöpft gewesen war, war phänomenal. „Noch etwas Zucchini, mein Herr, meine Dame oder Aubergines provençales? Sagen Sie, was Sie wollen, Flavio macht alles." Nur der Chef de Restaurant konnte die Begeisterung der Gäste für diesen temperamentgeladenen Kellner nicht immer teilen. Besonders, wenn Flavio beim Filetieren der Fische leise vor sich hin sang, entrückte dem stets korrekten Chef de Restaurant ein „catastrophe!", das trotz allem nicht unfreundlich klang.

Angelo, der maestro del fango , unterschied sich in der Art, Arbeit zu zelebrieren in nichts von Flavio, nur, dass sie beide in der Personalhierarchie um einiges auseinander lagen und Angelo statt Zucchini und Auberginen anzupreisen, viel Liebe in die Vorbereitung der Fangobetten für seine Kunden steckte. Zum Zeichen seiner Würde war Angelos linke Hand immer von eingetrocknetem Fangoschlamm umhüllt, selbst wenn er durchs Hotel tänzelte, um seine Patienten zum ersten Bad zu holen.

Antonio, der Chef de Bar war da etwas reservierter. Stets in seinem weinroten Smoking, egal bei welcher Temperatur, sprach er nie mehr als notwendig. Dürfte aus dem Friaulischen stammen.. ....

Abano, Juli 1983

REFLEXIONEN

1. Egoismus

Egoismus ist die regierende Triebfeder des Menschen. Egoismus steht über dem Idealismus. Wenn man behauptet, dass, wenn Egoismus den Menschen regiert, das Gemeinschaftsleben nicht gegeben ist, hat man unrecht, denn, wenn Egoismus den Idealismus beherrscht, ist durch diesen Idealismus die Ordnung der Menschen wieder gegeben.

2. Kunstbetrachtungen

Großes meist entsteht, wenn in Detresse geboren. Großes, Überwältigendes kommt von unten. Verwöhnt deshalb die da unten nicht, sonst kommt's von oben - und das ist schlecht - weil nicht mehr *groß , überwältigend, kulturtragend , interessant,* sondern anmaßend protzig. Es ist andererseits ebenso anmaßend, Großes zu schaffen und davon Existenzansprüche an die Gesellschaft zu stellen. Was ist's eigentlich was sie sagen lässt: „Ich musste einfach schreiben", „Das musste ich malen, machen, schaffen, produzieren und so fort", um es über uns zu gießen, ohne dass wir solches ausdrücklich verlangt hätten? Gründe mag es deren viele geben, fraglich ist nur welcher Kategorie sie im Einzelnen angehören. Vor allem ist fraglich, ob man sich die Frage überhaupt stellen soll und was für ein Ergebnis eine mögliche Antwort darauf bringen mag. Wahrscheinlich ist es das Bedürfnis, dem Großteil der Kreativen sagen zu müssen, es lieber bleiben zu lassen, oder zumindest mit ihren Krejakulationen in ihrer guten Stube zu bleiben. Es könnte dahinter auch die Aufforderung, ja die Ermutigung stehen, uns nicht etwa mit einem künstlerischen Gesamtwerk zu belästigen, sondern sich zu bemühen, etwaige Volltreffer aus ihrem Schaffen zu servieren, in Ermangelung solcher aber lieber abzuwarten.

Warum eigentlich? Es stört einfach! Wozu Überproduktion auch auf dem Gebiete des Geistigen? Es gibt doch soviel schon Geschaffenes, das es zu bewältigen gilt. Nur, ein Ausweg ist nicht sichtbar, wahrscheinlich auch nicht machbar bzw. erstrebenswert. Es dürfte eben für Künstler unserer Zeit bzw. solche, die sich so bezeichnen, ungleich schwerer sein, sich zu behaupten. Und keine, noch so hoch dotierte Preise mögen darüber hinwegtäuschen, dass die jetzt Lauten in der Geistesgeschichte untergehen werden und die Stillen eher einige Stufen des ewigen Olymps erreichen werden.

Sicherlich werden es immer weniger, da die Sprossen zum ewigen Ruhm - und den wollen sie ja alle - bereits vollbesetzt sind. Sternschnuppengleich können sich manche aber doch vergänglichen Ruhm verschaffen, welcher in vielen Fällen sogar zu einem bescheidenen Auskommen reichen kann. Also ist es doch der Ruhm, den alle erstreben und nur wenige erreichen. Momentan ist es aber leider vielfach so, dass künstlerische Dilettanten mit außergewöhnlicher Begabung auf dem Gebiet der Publicity temporär erfolgreicher sind als wirklich Begabte, deren es unbestritten auch heute viele gibt. Es gibt sie, die wirklich Begabten, die Großartiges schaffen, aber mangels entsprechender Ausnützungsfähigkeit der sich mannigfaltig bietenden Prostitutionsmechanismen unerkannt bleiben müssen und manchmal vielleicht auch wollen. Wahrscheinlich - und hier kommen wir wieder auf die Stillen zurück - ist es intellektuelle Bescheidenheit zur richtigen Zeit, die dann irgendwann - vielleicht auch durch Zufall und nicht unbedingt inszeniert - das Rechte bringt. Das Rechte – ja - nicht unbedingt den Erfolg - das Rechte als das Ehrliche - Überschaubare - Gehaltvolle und doch leicht Durchblickbare - das auf bereits Geleistetem aufbaut und uns gleichsam intellektuell erbaut. Es muss nicht immer alles ganz neu sein, denn ich bezweifle, ob es auf dem Gebiet des Geistes etwas Neues gibt. Es muss packen und interessieren, hinweg tragen.

Hinwegtragen vom Alltag in andere Sphären und uns die Rückkehr wieder schmackhaft machen. Nicht Reflexion der individuellen Langeweile, Trostlosigkeit, Verzweiflung, Depression, Hochstimmung, Glücksgefühl allein soll es sein - das Rechte - das wäre zu billig - sondern motivational durchwobene individuelle Schöpfung - inhaltlich wie expressiv und medial wohl durchdacht - für die die's wollen und verstehen - und deren hat's noch nie viele gegeben. Sicher geistiger Inzest - oder?

Es meißelt eben der Meißler für Meißler, der Maler malt für Maler sowie der Schriftsteller für ebensolche seine Schriften schafft und der Denker für Denker vordenkt, denn nur solche sind's, die bereit sind, Vorgebrachtes auch gebührend nachzuvollziehen. Dieser immer schon klein gewesene Kreis beleckt sich ständig gegenseitig, strebt immerwährend den Kriterien der Professores, Akademien und Critices zu entsprechen um vielleicht doch eines Tages irgendwo und irgendwie (weiß Gott wie) enzyklopädisch oder sogar sekundärliterarisch erfasst zu werden. Aber auch solches lässt sich steuern, inszenieren und korrumpieren.

Die Kunst - ein teatro spettacolo für Unbeirrte, ob still oder laut, ob bescheiden oder aufdringlich - es bleibe uns die Gabe erhalten, das wirklich Wertvolle aus der sich bietenden Inflation des Geistes auszuwählen.

Abano, Juli 1983

3. Sinn des Lebens

Der Sinn des Lebens ist das Leben, obwohl es Sterben ist bzw. im Sterben endet, was aber vom Geist nie qualvoll empfunden wird. Die Wahrheit diesbezüglich zu ergründen, schicken sich viele Wissenschaftler an. Das ihnen aber allen gemeinsame Problem ist, dass sie allesamt Wissenschaftler sind, die tief im newtonschen physikalischen Weltbild und empirisch/rationalen Denken verhaftet sind. Sie versuchen eben paranormale Phänomene physikalisch zu erklären. Da die Phänomene wahrscheinlich nicht physikalisch sind, werden sie von Wissenschaftlern unseres Jahrhunderts und unserer kulturellen Hemisphäre nie gelöst werden können. Ein Umdenken ist angezeigt. Eine holistische Betrachtungsweise wird kommen müssen. Nur, wer lehrt uns und unseren Wissenschaftlern so zu denken? Vorerst sollten wir uns darauf beschränken, zu registrieren und zu akzeptieren. Zu akzeptieren, dass es paranormale Phänomene gibt und sie nicht negieren, da sie nicht erklärbar sind. Das Paradoxe ist, dass unser Gehirn für übersinnliche Wahrnehmungen Reize und Leistungen gebaut ist, wir aber aufgrund evolutionärer Diskrepanzen verlernt haben, uns bewusst diese Fähigkeiten anzueignen.

Wir, das ist unser Gehirn, müssten lernen, warum wir (unser Gehirn) zu derartigen Leistungen fähig sind, sonst bleibt alles Diskrepanz. Aber mit dieser Diskrepanz zu leben, macht das Leben nicht minder lebenswert. Andererseits gibt es ja so genannte Spiritisten, die schon lange akzeptiert haben, dass es etwas Extramentales gibt. Sie versuchen auch dahinter zu kommen, manchmal mit wissenschaftlichen, manchmal mit schier unglaublichen Mitteln. Ob sie am richtigen Weg sind, weiß keiner, aber es ist höchste Zeit, den Ergebnissen ihrer Tätigkeiten mehr Aufmerksamkeit zu schenken und dabei wohl zwischen Könnern und Scharlatanen zu unterscheiden.

5. August 1983

Taglied

Ich sang bei Tag - es tagte mit Gesang
ich sang bei Nacht - ich nächtigte bei Gesang
ich pflegte Müßiggang - und übte Fleiß
ich befleißigte mich der Übung
Studierte das Leben
erfuhr viel Schönes
beschönigte keine Erfahrung
lebte ein Studium, studierte Sprachen
arbeitete wissenschaftlich
schuf Arbeit, sprach studiert
entzweite mich mit Affen
vereinte mich mit Menschen
vermenschlichte die Vereinigung
veräffte die Entzweiung
Verkehrte im Dunkeln
verkehrte im Hellen
kehrte in mich
verdunkelte beim Verkehr
sang bei Tag - sang bei Nacht
Tag mit Gesang - Nacht mit Gesang
wählte den Beruf
Beschwörte die Existenz
existierte ohne Schwur
und berufe mich auf die Wahl
ich denke bei Nacht - ich denke bei Tag
auch wenn ich die Gedanken nicht mag
August 1983

DER SPÜLSTEIN

Manchmal kommt mir vor ich war
Obwohl ich, so scheint's, noch bin
Die Zeit wischt mich weg
Was bleibt, ist der **Spülstein**
Banal und ausgelaugt
Nach Muße lechzend
Nonsense-speiend
Dennoch - der Hoffnung ergeben

August 1984 an Paul Fussek

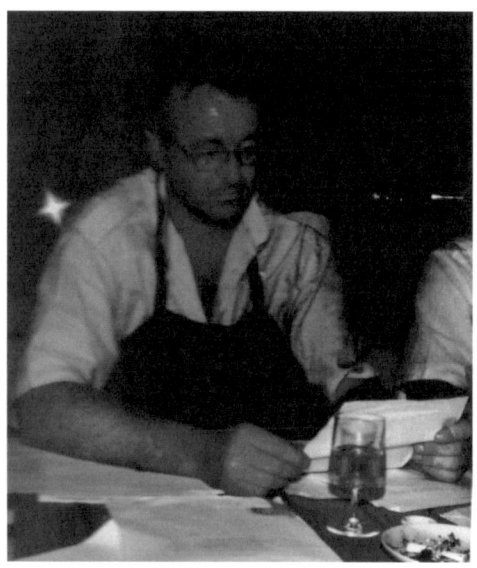

1985 Lesung des Autors in privatem Kreis

Sebastian Krugbruders wundersame Reise
FORTSETZUNG eines unauffindbaren Anfanges

„Wäre dies nicht der Moment für ein angeregtes Gespräch?" dachte Sebastian. „Hättest du lieber den Linken ausgewechselt?" „Nein, eher der rechte passt mir nicht. Jenes schöne blaue Fußstück dort wäre guter Ersatz!" Es dauerte nicht lange und der Wedel schwang die Farbe.

Blau war nicht nur die Ebene. Auch der Skorpion lechzte mit rauem Geschick und zippte die kühle Kurve. Mit neuem Teil schleicht sich's sichtlich besser. Nach dieser anregenden Episode konnte Sebastian wieder Mut schöpfen und machte sich zum Abheben bereit. Nur, er hatte nicht mit diesem fürchterlichen Rumoren in seinem Unkörper gerechnet. Immer wieder diese Kontraktionen und Wulstungen.

Er hatte das plötzlich aufkeimende Gefühl, dass ihn jemand loswerden wollte. Und dies geschah auch mit fürchterlichem Getöse. Die Zerteilung war sprühend und übelriechend. Der Aufprall war weich und tief im Flat. Weißes schneite brennend scharf und machte Lider zucken. Warum er da so lag, wusste er. Er hatte es ja gewollt und dachte ein halbes Jahrhundert, wem es wohl in den Sinn kommen würde, ihn zu schürfen.

Das Rattern ölte das Gelenk und sprang mit Steinschlag in Wipfelhöhe. Setzte sich ab und nadelte den Stamm.

Frühe Fledermäuse genossen die Vibration und surrten behände die Nacht.

Frachtsätze würden ja die Nähe nicht ändern. Trotzdem schien die Stille nicht zu sieden. Entsetzlich bizarr breakte Sebastian am Vorhang vorbei und schmunzelte. - Niemand hatte ihn bewusst geschürft, eine wundersame Fügung schuf ihm neuen Raum.

Wenn die Rundung nicht geleert worden wäre, sähe sicherlich der Bestand etwas anders aus. Verstoßen wurde gegen dieses Prinzip zwar meistens, da der Verstoß dem Leben das Salz liefert. Er hielt sich meistens daran. Nur, sklavisch befolgte Verstöße sind Prinzipien und gegen diese muss verstoßen werden, denn der Verstoß ist das Salz des Lebens. Dieses Prinzip war Sebastians Verstoß, denn das Leben verstößt das Salz und der Sklave befolgt das Prinzip. Eine reziproke Regelung des Befolgungswahns. Eine Besserung kaum in Aussicht. Umgehende Schnecke fühlt den Verdruss. Doch zum Konflikt sollte man es trotz allem nicht kommen lassen. Dies war nur eines der wichtigsten unumstößlichen Prinzipien Sebastians, ohne mit entsprechenden Verstößen zu geizen. Denn: Verstöße sind das Salz des Lebens.

Ruhe fand er auf der gerillten Oberfläche eines übrig gebliebenen Stumpfes. Selten so gut gesessen mit grünlichem Feucht der verfächerten Flechte. Leckend näherte sich kribbelndes Getier und wühlte bahnbrechende Furchen... Ätzende Rinnen röteten Gedeck. Eine Veränderung des Ortes vonnöten. Mit gestrecktem Gebein und schwingenden Flügeln erhob er sich und fühlte sich freier und weich. Das kristallene blau der weit entfernten Kugel vermischte sich mit smaragdenem grün. Er spürte das Schwanken und fühlt das wundersame Tier, das einen Teil von ihm wegträgt durch die lauen Lüfte am Rande der Natur.

Er wurde gespendet und verteilt und wünschte es auch. Man hieß ihn willkommen. Wärme und Leben brachte er und eitle Süße. Der zähe Brei schoss in ihn und leitete schmeckend Labung. Sollte er dort enden?

September 1987

plan zur ergeiferung

vernetzte verunkulatur
sequenzentaumel
wegweiser in den absud
treuhandwüstling
segelt nnw
wegwerfkonsument äussert
bienenfluss
treckschuster
sektenfraumel
erobert sturmwüste
verinnerlichung angestauter
tretfreudigkeit
summe aller ghettos
stenosenkeimling
strebt aus golgatha im ansturm
daumenzieher
frunkt den beutel
zahnsieber staubt
adlatus täubt
kranzleger
schleifenzieher stanzt kunde
von trauer
verwesung intrinsischer gottleidigkeit
da oben treibt's
sagt's - tat's - verinleibt's

Februar 1990 in Diem's Buschenschank, Salzburg

Segeltörn abruptus
(nach der Erfahrung eines meiner Freunde, dass selbst
große Jachten nicht unsinkbar sind)

Segeltörn in die Unmöglichkeit
möglich macht's die Tunlichkeit
bartdurchwuchert weint die Barke
Barke, mit manch Kisten voll Bewilderung
Sprachlastenausgleich bringt's
der Krötendümmling ist nicht weit
trotz dieses 👎's fällt der Sturm einher
und verkrängelt sie luv
unumkehrbar schiebt sie backbord
sandet ein und schlürft
potz den Blitz ☹ ! Taugt sie denn nichts?
Hebegeschwindigkeit laugt aus
und siebt den frog-wag
und moonwalks home
Farfalli-Geschmaus und Pinot Grigio - Geschlürf
besiegt's
einher nordwärts zu Bergwerksgestaden
um die Hebung zu verdienen
sprach's, tat's und gelingweiht's –
● (= Punkt)

Februar 1990 in Diem's Buschenschank

10 Mille - was nun?
Eine Kurzbetrachtung über das, was Leben so sein könnte.

Was? 10 Millionen? Ich setze auf unsere gemeinsame Vernunft. Zuerst in den Tiefschlaf . Darüber schlafen, das wird das Beste sein. Teilen wir's zunächst nicht auf. Feiern wir. Hau'n wir einen d'rauf, mit dem, was wir haben. Jetzt kommt's mir aber: Sichern.-

Wir kaufen uns schöne Arbeit - Arbeit, die uns intellektuell am Leben hält. What's life? fragt Monie. Er klärt schön auf: Leben ist wahrscheinlich, wenn du mit deiner Hände Arbeit das schaffst, was du und die Deinigen unmittelbar brauchen. Versteh' ich nicht ganz, sagt Monie, leicht arrogant, wie indigniert. Legen wir's doch auf ein Konto und leben von den Zinsen. Wer zahlt die Zinsen? wirft B. durch. Sich Zinsen zahlen zu lassen, bedeutet, jemandem etwas wegzunehmen. Versuchen wir doch etwas Anderes. Autarkisierung der Existenz kann doch nur die einzige Konsequenz sein. Aber wie und wo?, behimmert Monie. Wie und wo? kontert B. Dort, dort wo es am besten kringelt und ohne anderen zu schaden, uns nützt und womöglich auch noch anderen nützen kann. Rurale Autarkie - Konsequenz ad absolutum - wenn's lateinisch ist. Hauen wir uns rein! Die ersten drei Eier des lausigen Huhn's schmeckten mir wie goldene Austern, frisch aus den Hallen. Die Schenkel des mit Mühe und Abscheu abgemurksten Kaninchens ließen die Muße wormsen. Ein absoluter Wahnsinn war das Heranwachsen der Forellenbrut. Hat insgesamt erst die Hälfte der 10 Mille verschlungen.

Tonnen von Büchern, um herauszufinden, wie sich gutes Brot ergäbe - Investition hätte gereicht, um uns die nächsten drei Monate mit frisch duftendem Bäckerbrot beliefern zu lassen. Was soll's. Die 80 Obstbäume hatten mir es angetan. Nach der ersten Pressung mit der uralten Mostpresse kam mir der Geifer von den Mundwinkeln, g'rad wie frischer Obstsaft durch die Pressbottichrillen. Die Gärung war ein Abenteuer.

Dear friends!
Kommt alle zu sehen, zu staunen, zu fressen und zu saufen, was ich dem Schollenschoße abgewann mit heißem Bemühen. U.A.w.g.

Absolut mürber, fein und dezent gesalzener Speck vom Besten der Landsau aus der Rauchfangselche. Birnen-Apfelmost, feinkrustiges und dicklaibiges Brot am Holzbrett, wunderweißer Frischkäse mit Hausgartenschnittlauch schickte alle Kumpane, Monie und mich in derartige Verzückung, dass wir sie nicht fanden - die Worte.

Nun, danach forderten manniglich invités vino, Bier und sonstige Exoten. Wollen wir's für heute sein lassen und gab dem Fest den Rest. Strohsäcke gefüllt, stachen an weißen Rücken und zirpten wie erregte Grillen. Das Weiß der Augen durchgrellte die Dachbodendüste. A shower wouldn't be too bad! Konnten wir liefern. Champagner war eingekühlt und blieb's.

Wir verkauften's schließlich für 5 Mille. Ich wollte Most in Wein wandeln, in Toskanischen. Studierte die Weinkultur - was sollte ich sonst beworken. Bald versüßten mir die hängenden Weinblätter das müßige Frühstück. Almosen gab ich nicht - ich hielt sie nur für gute Traube. Am 635ten Tage meiner Sinnestaumel tat ich's mit ihr. Ich zerdrückte eine volle Rebe über ihrer schwellenden Brust und trank den scheidenden Saft. Du fragtest mich was Leben sei. - Ich glaub' jetzt weiß ich's - das ist's. Leben ist Leben zu leben, wenn's einem beschieden ist - die Frage ist nur, ob man dazu keine, eine oder 20 Mille braucht. Wer kann das schon sagen?

August 1990

Savalsky, Wagner & Lang

Savalsky, Wagner und Lang
standen gemütlich am Gang

erhoben die Stimmen und johlten
bis die Teufel sie holten

erst wurde es Wagner ganz bang,
da ein Teufel Savalsky verschlang

als zwei Teufel Lang dann versohlten
und glühend dessen Ohren verkohlten,

verspürte Wagner den Zwang
und fraß ganz teuflisch den Lang

1992

Zeitquäler

Die Welt hat zu viele Worte.

Die Stunden stürzen
- stehlen die Zeit.
Mein Krug geht zum Brunnen
bis voll er ist -
nicht bis er bricht.

Saug' mit gieriger Kehl,
stets neuer Füllung harrend.

Hab' keine Sorgen
- meinerseits -
die Zeit zu quäääääälen.

September 1993 (in der STC-Garderobe[12])

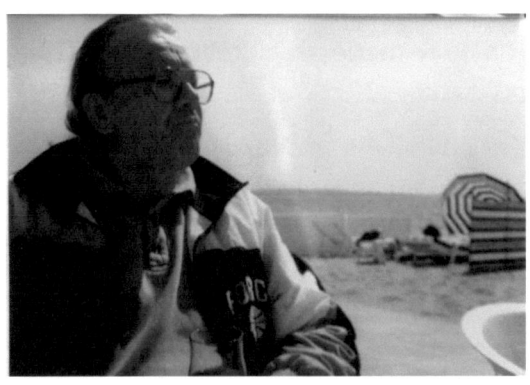

1993 Cannes – Plage Blanche

---

[12] Salzburger Tennisclub am Salzachkai

Diverse Sprüche 1970 -1992

Da man nicht jeden Menschen zum Freunde haben kann, sollte man wenigstens versuchen, sich keine Feinde zu machen. **(frei nach Nixon 1970)**

Das Leben ist Freude. Freude ist Hoffnung und Lust Lust ist Liebe. Das Leben ist Liebe.   **1970**

Wenn ich gebe, lebe ich. Wenn ich liebe, lüge ich. **1970**

Ich bin ein einarmiger Blinder inmitten taubstummer Crétins. **1970**

On devine presque tout avant qu'on ne dise rien!   **1971**

Il ne faut choisir pour épouse que la femme qu'on choisirait si elle était homme. Joseph Joubert **1754 - 1824**
Conclusio des Autors: Puisqu'une femme n'égalera jamais un homme, on ne se marierait plutôt pas. [13] **1971**

Wie soll die Jugend die Gegenwart bewältigen, wenn die Alten mit ihrer Vergangenheit noch immer nicht eins sind. **Juli 1988**

---

[13] Gemäß des Essayisten Joubert sollte man als Ehefrau nur diejenige wählen, die man auch auswählen würde wenn sie ein Mann wäre. Nachdem gemäß Stiegler eine Frau niemals mit einem Mann gleichgesetzt werden kann, sollte man demzufolge eher nicht heiraten.

Wirtshauselegie im Steinlechner
½l Weiß, ein Mineral, ein Schweinsbraten mit Senf und Krenn

Die Welt hat zu viele Worte
Eh' du gedacht,
Ist's schon gesagt
Ambivalente Stille blinkt Rauch
und rundet das Becken
Weicher Hauch der Sinne

Zettlingsdorfer Rundumtrunk mit Barrique-
Cuvée- und Himbeerparfum -
für Proleten der Sinne
führt's in die Konsumgruft.
Sei's drob!

Twengartiger Rundumduft
laugt das Kauen aus
Spell me the Greif!
Give them the knife!
Hals ab!

Exquisiter Geschmack ist's,
1 Kilo Leberkäs an Würfelberg geschnitten,
mit Zahnstochern zu fressen,
in Senf zu baden,
sich klebrige Finger mit Pergamentpapier
abzuwischen und eine brunzlige Maß
in den Hals zu stoßen.

Dazu die polierte Visage eines blutenden
Hausmeisters - wonnt die Existenz

Leg' mir die Essiggurke ins Bett
Friedhelm wischt die Sauce durch Achselhöhle
ins Gesicht und duftet Senfkorn
Brunfthäscher wisch' nicht zu stet,
sonst geht's los in Gurkentaugebäude

Fuck the goose an Federflaumflausch
tret' lampeduse net zam
knirscht sonst brüllend
à travers Pinienhain
ziggz   plotz   flair

A taleckerter Frankenstein
stopft se a Schnitzl rein
s'Fett rinnt eam owi
bei de Mundwünkeln
und sammelt se am Kragn
d'Fliag`n de am Messa sitz'n
hot a schon daschlogn.
Noch zwanzg daschlogenen Fliagn
stopft er's mit'n Löffe owi
und wiagts Schnitzl aufa
weil er's weiße Fleisch net mog.
S'nechste Moi frisst er d'Fliagn ohne Voaspeis

Mai 1993

Mother Earth

Mother Earth, gedunsen, abgenagt, ausgezehrt
torkelst dumpf einher
schüttle sie ab - Läuse deiner Kruste.
Warum die Geduld ?
Erinner' dich früher stiller Zeiten,
Willst du sie nicht wiederhaben?
Zeiten frischen Grüns, klaren Hauchs und stiller
Wässer?

Im Grunde versteh' ich dich;
willst warten,
willst warten auf den Tag der Umkehr,
da du gütig, leis' und weich,
dem Schoß der Mutter gleich
die Brut in Dich saugst.

Wahre Mütter hegen ohn' Anseh'n des Gebrüt's
auch wenn's eigene Auszehr' bedeutet
und wahre Mutter bist du - Mother Earth!
Bleib so stark bis ans Ende aller Tage.

Okt. 1993/überarbeitet im Juni 2011 in Vigaun

Ausdehnung

Dehnt sich alles
Wissen, Tun.
Keinen Fall des Falles
Soll Dehnen ruhn
Nie zu spät
Viel Zeit vergeht
Funken fliegen
Neugier muß siegen

Hebt das Gefühl
Mensch zu sein,
Des Sein sich zu freu'n

Brauwetterkiele
Schwimmen oben auf
Unter Blase Schwiele
Ob ich mirs kauf' ?

Herrenberg bei Stuttgart, im November 1994 (beim Griechen)

Advantage of Life

Advantage of life, hidden in wisdom
Reality of existence - perception created
Work on the challenge
Make your own world
The world in your mind is yours
Nobody can steal it
It is yours
No one to spill it
It is yours
Carry on, good guy!

The beauty of life lingers in your mind
Pour it outside - watch it coming true
The only belief is yours
So foster boast it through
Share the freedom with anyone to want
These are the guts that count.

Bass drums keep on roaring
Steel guitars run soaring
A concerto sweet sixteen
That is the message that I mean.

Pas de chagrin au coeur
Un million d'idées primeures
M'élévant aux quatre vérités
De la perception des cheminées

Un seul moment compte plus
Que tous les aspects intrus
Dans la vie guère aperçue
Par les mecs sans cru.

Nachdeutung ist träge, viel träger als Asphalt
Ganz schön beklopft ist heute der Gehalt
Blick ich in die Tasche, seh' ich nichts als Schrott
Wo ist die Kreatur, namens Gott?

Roundabouts doing really nothing on the roam
Credo mi cambiato nel inferno novanta sei
Tutta la campagna rilascia lei
Même que ce ne soit pas moi non plus
Take it or leave it - legs on top
Fool stop - full stop!
zbadv !

Gärtringen bei Herrenberg, Dezember1994

Barkretin

Schrecksekunden des Senkbleis
krängen Schielaugen mitunter
Quältauben mit Langkreis
züngeln Dörrobst arg drunter.
Kormorane am Packeis
kiesen Tiefbeute ganz munter

Tanninsatz der Spätrunde
beschattet Vollgenuss
rostroter Schein der Abendstunde
zeugt sonnigen Saftfluss.
Wochensocken in Mädchenmund
zügeln Wangenkuss.

Kaum gereister Barkretin
trestert siegreich Feigensaft
Fahlgelber Brei in Goldsatin
raschelt zitternd hingerafft.
Leuchtspuren am Gobelin
die Nacht ist schon geschafft.

1994

CARNUNTUM

Tiefste Zufriedenheit umzirkelt mich
Wenn ich Zeit habe zu genießen,
Zeit habe ohne Zwang den Tag zu fließen
Zu fließen mit ihm

Sattsam sitzend gilt's die Zeit zu freuen
Den Geruch des Sommers zu schlürfen
Nüsternd Pollen zu triefen
Ein Konzert schräger Flüsse

Ohn' Unterlass drängt's mich,
Posen zitternd, Toren witternd
- welch Genie ist doch Sting !

Carnuntum kündet prägsam Historie.
Mosaik der Ewigkeit
Werte der Hinkunft
Über Äonen der Schädlichkeit thronend
Überliefert's primary choice

Juli 1994

Killing you softly[14]

Seven suns break tins in quickdom
Tar shaded roundabouts
Testify modest tranquillity

Shining tightly,
Announcing   seasons
Seasons of unity & wisdom

Apt to grundge the doom
Taking strength from acid pain
Incinerating tickling ache.

Why don't you debug that awesome strain?
Why don't you stem the turn?
Listen it up and fling the cane
Bluesing stories still the burn
A never ending tune, easing the mind
Cooling the temper, nowhere to find

Jonny Walker, the only comfort
Providing sticky memory
With camel packages
Killing you softly - with this song.

Juli 1994

---

[14] Vertont als „Easing You so Sweetly"

Liebeserklärung

I mog di wia a Mankal sein Höhl
Du ziagst mi wia a Saital baim Schnöll
I schätz di wia a Tranche vom Gigot
Du schmeckst ma wia a Lita Merlot

I schliaf di wia an gold'nen Soft
Du quälst mi wia a seidne Kroft
A Scheindoda erwochn muas
von de Ström dest vaschickst

De Gewoit de se auf tuat
Waunst de zuwalegst zu mia
Zafraunzt ma's letzte Hian
Und es heat net auf zum gliahn,

Es z'reißt ma bald de Bian,
Da Schweiß steht auf da Stian
De Odan pumpn wüld.
Des is mei farbigs Büld

Mei Büld vo dia
- va gess'n wead i's nia
    - Owa leida bist jo fort
    - Und quälst mi nu von dort

Oans sog I da:
Hea net auf zum stroin
Hea net auf zum quäl'n
Hea net auf zum schwinga
Sunst kaun I nimma singa

Dezember1994, umgeschrieben im September 1999

Ganze Tage

Ich träume ganze Tage
sie tragen mich hinfort
ich wache ganze Nächte
und suche manches Wort
gefunden hab' ich viele.

Ob sie passen oder nicht
sie erfüllen meine Stille.
Bis der Eisberg bricht

Die Wahrheit ist: ich brauch sie nicht,
denn: je mehr der vielen Worte
desto mehr fehlt Licht

1995

Gedanken und Weisheiten

1. Allein sein heißt, genug Zeit zum Denken zu haben.

2. Detailprobleme sollen nicht unter die Türe gekehrt werden, sie sollen aber auch nicht Gegenstand von Zukunftsvisionen sein.

3. Seklerkuchen[15] ist der Himmel auf Erden der Reservegourmets.

4. Trendsetter treten die Sendung der Trendtrotter.
    Dezember 1996 in Diem's Buschenschank[16]

5. Sekundanz ist ein Wort das der Sekundanz bedarf. Also dürfen wir nichts auslassen. Lassen wir es aus, so ist es aus.

6. eine klebäugige hofschranze ist das ergebnis einer schneebraunen dooflanze im abdomen der unvernunft.

7. viele clowns in diesem staat machen den staat. der staat ist erst staat durch clowns.

---

[15] Renate Schabus' Mutter pflegte diesen immer zu machen. Ein Segen für die Gäste von Renate, meiner langjährigen Freundin
[16] nach einem Briefing mit Milos und Traudi Gvozdich in Diem's Buschenschank

SOG

Feder spring' und flute
In das Sein des Rots
Dunkle Gänge saugen
Puls des Lebens Floß
Nimm die dampfend' Rute
Leg die Drossel bloß
Schließ die fahlen Augen
Setze an zum Stoß
Schaffe Raum im Hirn
Schwinge trotzig Pein
Genieße triefend Falten
Wie ein gierig' Schwein
Kränze deine Stirn
Lasse das Denken sein
Alles auszuschalten
Ist die Wonne mein.

1996

Freisprießend Wurzelblabberei

Lasset Wiesen wachsen über Wunden
Gräser grünen über Gräber
wie wilden Wein, der rankend Netze webt
windend seine Runden dreht
Efeu gleich an Eichenhaut entschwebt

Tauchend in Erkenntnis Licht
erhelltet's Wahnes Sinn
verschönfärbt vergangene Gräuel nicht
sondern führt zum Wachsen hin

Ein erwachender Zweig
der mit Wurzeln sich verwirkt
kann nicht sprießen frei
Unheil in sich birgt

Darum lasse alles sprießen frei
ohne Wurzelblabberei

Juni 1996

Vom Ende der Zeit

Es war einmal eine Zeit. Sie sagte, sie wolle schlafen gehen. Sie hatte nur ein Problem. Wie sollte es weitergehen während sie schliefe. Bliebe sie stehen, wenn sie schliefe oder ginge sie weiter? Während sie so überlegte, kam der Tag und sagte, sie solle sich doch zur Ruhe legen, er übernähme ihre Rolle.

Die Zeit, müde und abgeschlafft, ging ohne zu zögern auf das Angebot ein. Der Tag, ohne zu zögern übernahm die Rolle der Zeit.

Der Morgen des nächsten Tages begann wie immer, aber kaum hatte er begonnen, fehlte ihm die Zeit. Er kam ohne sie einfach nicht weiter. So sehr er sich auch bemühte, es gab kein Vorwärts.
Nur, die Zeit aufzuwecken, die Zeit, die wohl verdient hatte, einmal richtig auszuspannen, das kam ihm nicht in den Sinn. Solidarität der kosmischen Kräfte, sollte endlich wirken. Er wollte es ausprobieren.

Unterdessen schlief die Zeit. Sie träumte vom Tag, der sie weiterführen würde. Doch der Tag erwies sich als minderer Ersatz. Immer wieder versuchte er Schritte zu tun, immer wieder versuchte er, sich zu bewegen. Er kam keinen Deut weiter. Der Traum der Zeit wurde zu einem Alptraum, doch ihre Müdigkeit hinderte sie daran, den Tag daran zu hindern, weiterkommen zu wollen.

Der Tag, seinerseits, liebte die Zeit und begann zu verzweifeln, weil er sie nicht hatte. Seine ganze Existenz war von ihr bestimmt. Er musste sich etwas Besonderes ausdenken um dem Dilemma zu entrinnen. er schwang sich deswegen auf das Sein und ritt mit ihm durch das All. Ein Innehalten der besonderen Art war die Folge. Ein besonderer Moment der Stille und Dunkelheit, wie nie im Kosmos je geschehen. Eine friedliche Stille im untönigen Nichts. Der Tag fühlte sich überschwänglich. Alle Zeit und Last schien von ihm gefallen und die Dunkelheit erfreute ihn. Nichts und Dunkel, ein erhebendes Gefühl. Wenn nur die Zeit nie mehr wieder erwachte!

Die Zeit ihrerseits träumte in Schmerzen, krümmte und bog sich und wusste nicht, ob sie schliefe oder wach sei. Das Nichts und die Dunkelheit kündeten Tod. Sie musste den Traum durchbrechen. Sie musste etwas tun. Doch, Ewigkeit wachen, heißt Ewigkeit schlafen. Das war der Trumpf des Tages, der selber zur Nacht wurde. Das Problem war nur, dass die Nacht die Zeit nie mehr aufwecken würde, also gar kein Interesse an ihr hatte. Was ändert sich schon in Dunkelheit?

Nachdem es also keinen Tag mehr gab, der die Zeit brauchte, freute sich die Dunkelheit und verschluckte den Tag. Und das Nichts wurde eins mit der Dunkelheit.

April 1998

Politokraten

Nieder mit euch, Fettgewürm
Hinweg, ihr Säue vom Futtertrog
Raus aus euren seidenen Nestern
Verschwindet in Ewigkeit
Weg, aus meinem Blicke
Lasst mir die Bescheidenheit nach vorn
Und ebnet den Offengeistern das Feld

Klar gezeugtes Chaos ist mir lieber
Als undurchsichtiges Politokratentum

Juli 1998, Kur in Vigaun

Positief

Ich bin schön, ich habe Erfolg
Alles was ich mache ist mein
Das Tempo, das ich schwimme ist mein Sein
Zufall ist ein Anfall

Mir fallen Fälle zu
Bei denen ich was tu
Ein Dirigentendasein eines Winners
Eines kreativen Spinners

Schreite ich aktiv durch's Leben
Was kann es Schöneres geben
Ich bin ein Guru meines Daseins
Ich bin mit mir selbst ganz eins

Heilslehren umfangen mich
Und bändigen den Wüterich
Sendungsbewusstsein, visionäres Ziel
Ich weiß was ich will

Aber wehe, wenn das Wollen
durch Arschlöcher verquollen
Dann zweifelt schöne Frau und schöner Mann
Weil u.U. ein anderer es anders kann

Ich lass mich nicht beirren
Weder durch Unbill noch von Wirren
Noch von ärgstem Mief
Ich denke weder nega- noch positief
Aber dafür tief
1998

Spottlied auf alle Politiker und sonstige Arbeits- Zukunfts- und Kreativitätsverhinderer

Säckelschinder mit spitzen Raubkielen
An Räuberhänden voller Schwielen
Legen volltonige Gewalten lahm
Schöpfen letzten Rahm

Lähmen eiserne Terzen
Vergrämen weises Scherzen
Lechzen nach innigem Sein
Mischen Fallen hinein.

Verstricken sich in Holzwegen
Hindern krass Volksregen
Hirnverhinderer mit Schleimspuren
Verrecken soll'ns diese Huren.

Die Taschen voll mit meiner Zeit
Kratzen Sie an meiner Arebeit
Wacht auf, ihr Gesellen
Auf dass wir's Ihnen vergällen.

Ihr schwaches Tun mit hohler Macht
Ich bin dafür, dass es wieder mal kracht
Ich bin dafür, dass jeder lacht
Und guten Reibach macht

Ich bin dafür, dass wir's uns richten

Und die da hindern am Mammon schlichten
Denn wenn wir's übersehen
Wird harter Wind entgegenwehen.

Und Steppe wird sein
Wir, mitten drin ganz klein
Niederrammen, wegschmeißen
Ärmel hochkrempeln und mitreißen

Das will ich euch heut' sagen
Es kam vom Herzen und vom Magen

April 1998

Birthday greetings for a lion [17]

Absolutely no negation
Your birthday's worth celebration
Regarding the years proceeding
Could cause your heart bleeding
Could easily be a reason to cry on
But not for a mighty lion

August 1995

---

[17] for Gerald Schodterer, abgeändert 12 99

Romanfragment: HELEN

Hier bin ich Mensch   am friedlichen See. Seine be-
schwingt tänzelnde Oberfläche verliert sich schmatzend
unter raschelndem   Gras und klapperndem Schilf
.... schrieb er in sein Lyrikheft - das er stets bei
sich trug - , als er im Nacken den Hauch einer menschli-
chen Annäherung verspürte. Noch bevor er sich umsehen
konnte, spürte er den sanften Druck von Helens Brüsten
beiderseits seines Halses. Sie presste sich an ihn, umgriff
ihn mit beiden Armen und legte ihr Kinn auf John's welli-
ges, schütter werdendes Haar.

„Hier bin ich Mensch am friedlichen See" las sie aus sei-
nem Notizheft. „ Du arbeitest schon wieder? Was soll es
werden John?" John legte sein unfertiges Werk mit der
Seite nach unten auf den grasigen Boden und gab Helen
zu verstehen, sich doch neben ihn, auf die großzügige
Bank zu setzen.

Sie war herrlich gebräunt. Ihre Oberschenkel glänzten
unter dem blauen Tennisrock hervor und sie duftete
nach Frische. „Ich weiß nicht, was es werden wird. Bevor
du kamst, wusste ich es vielleicht ein wenig mehr", sagte
John lächelnd. „Hab' ich dich schon wieder gestört, ich
wusste es als ich den Abhang herunterlief. Aber ich woll-
te dir   nur sagen, dass ich unterwegs in den Club bin",
sagte Helen. „Nein, nein, wie kommst du nur darauf, dass
du mich stören könntest. Mit wem spielst Du heute wie-

der?", fragte John. „Eigentlich habe ich gar keine Verein-
barungen getroffen. Mal sehen, was sich ergibt. Kommst
du nach?" fragte Helen ihrerseits. „Weiß nicht, hängt
davon ab, wie lange du bleibst. Zumindest sollten wir
zusammen Abend essen. Im Club, hier am Pavillon oder
sonst wo", sagte John.

Helen hatte sich mittlerweile erhoben und wirbelte ihren
Schlüsselbund um ihren linken Zeigefinger. John hatte
seinen Arm um ihre Taille gelegt und zwirbelte am Bund
ihres Slips. Helen zischte dabei wie eine Schlange und
produzierte dabei ihren von ihm so sehr geliebten
Schmollmund. Sie küsste ihn weich, nacheinander auf
Stirn, Nase und Mund. Ihr Hauch, ihre Liebkosungen, ihre
sanften Gesten riefen in John das Gefühl einer warmen
Erregung hervor, die ihm einen Zustand von Willkommen
sein, Akzeptanz und Potenz vermittelte. Als sie sich mit
einer halben Drehung von ihm löste und sich mit einem
kurzen „Ciao, John, ciao!" und klappernden Schlüsseln
von ihm verabschiedete, hatte er längst vergessen wo-
rüber sie sich kurz zuvor unterhalten hatten. Erst ihr „Bin
um 6 zurück, Bonnie", erinnerte ihn an das angestrebte
gemeinsame   Abendessen. John's „Ich mache uns ein
Risotto con parmigiano und frischem Basilikum" wurde
von ihr zwar vernommen, ihre Körpersprache verriet
aber, dass sie sich im Geiste bereits anderswo befand.

Mitten in diesen Gedanken war sie durch die Wiese,
hoch zur Kuppe gelaufen, wobei sie verspielt einige hoch

stehende Halme und Blumen umknickte und zielsicher auf ihren stahlblauen Cherokee zulief, der bereits abfahrbereit vor der Garage stand.

Beim Drehen des Startschlüssels genoss sie das angenehme, dumpfe aber kraftvolle Grollen des Wagens. Sie gab noch zweimal kurz im Leerlauf Gas, ließ den Wagen aber ohne jedwedes Durchdrehen der Räder auf der mit Kies belegten Auffahrt anrollen. Das scharfe Rasseln der Kieselsteine erschien ihr lauter als das Motorengeräusch ihres Gefährts. Im Rückspiegel sah sie John, der sich erhoben hatte, ihr zuwinkte und auf das Telefon in seiner Linken deutete und ihr mit kreisenden Bewegungen seiner rechten Hand zu verstehen gab, sie solle ihn doch irgendwann anrufen. Helen hielt zum Zeichen ihres Einverständnisses ihre linke Hand mit erhobenem Daumen weit aus dem Autofenster, entschwand John's Blicken und fuhr mit mäßiger Geschwindigkeit durch die zypressengesäumte Allee, die von ihrem Anwesen auf die schmale Ortsstraße führte, entlang. Schnelleres Fahren hätte unweigerlich zu einer Staubfahne geführt, da die mehr als 500m lange Auffahrt zum ihrem Castello nicht asphaltiert war. Helen liebte es zwar, schnell zu fahren, sie respektierte aber den Wunsch der Landarbeiter, unter der Schirmherrschaft des Gutsverwalters Stefano, dies zugunsten der Rieden voller Cabernet Sauvignon auf der einen Seite und der Steinobstplantage auf der anderen Seite der Zypressenallee zu vermeiden.

„Drei Stunden für mich, meine Seele und meine Gedichte", dachte John und suchte nach seinem Notizheft. Er fand es neben der Bank und erblickte gleichzeitig, zwischen Spitzwegerich Blättern ein weißes Stück Karton. Er fischte es mit seinen Zehenspitzen unter der Sitzbank hervor und entdeckte die Visitenkarte eines ihm völlig unbekannten Dott. Pietro Cleulis, Gynäkologe ... Die weiteren Zeilen interessierten ihn nicht mehr und er beförderte die Visitenkarte gekonnt, wie ein Kartenkünstler im Varieté, in den neben der Sitzbank stehenden Müllbehälter. „Wahrscheinlich einer der Gäste aus dem Tennisclub, die gestern mit Helen und Tanja zum Stranddinner eingeladen waren", sagte sich John und machte es sich wieder an seinem Lieblingsplatz gemütlich.

Gemächlich und auf den Inhalt blickend nahm er die Flasche Chardonnay aus dem Behälter neben sich, wobei er das helle Geräusch der an die Flasche und die Coolerwand stoßenden Eiswürfel vermisste. Die Herbstsonne war doch noch ziemlich stark und er hatte vergessen, den Wein unter den Sonnenschirm zu stellen. Der erste Schluck aus dem Glas signalisierte seinem Gaumen Rückzug von diesem Wein. Er fluchte etwas Unverständliches vor sich hin und stellte das Glas alsbald auf die hölzerne Tischplatte zurück. Diese 10cm starke Tischplatte aus 100 Jahre altem Ahornholz war sein ganzer Stolz. Er hatte sie in Salzburg erstanden und sie auf eine Spezialkonstruktion mit Rollen tischlern lassen, da es aufgrund des Gewichtes des Tisches unmöglich war, diesen des Abends und bei Schlechtwetter in den 5m entfernten Pavillon zu tragen. Die Lippen noch feucht vom missglückten Wangenkuss nahm John den neben ihm liegenden Hörer auf, wählte die „Drei" und hörte es gleichzeitig im 30m entfernten Salon des Castellos klingeln. „Allô, bei Conte di Campiolo, Lenz, sie wünschen?", sagte Antoine Lenz, die Haushälterin der Campiolos. „Toni, John hier. Ich dachte das interne Läuten sei anders? Hast du wohl vergessen. Bitte, bring mir eine frische Flasche Chardonnay, vom 95er und genügend Eis. Ich bin unten, am Pavillon". „Gewiss, John", antwortete Antoine, „möchten Sie auch einen kleinen Snack? Ich habe frische Melonen bekommen und Stefano war da - er hat den von Ihnen gewünschten Herbstprosciutto geliefert." John überlegte kurz und sagte: „Phantastische Idee! Und einige Scheiben vom gestern gebackenen Brot, nicht vergessen!"

Man merkte an den geschulten Handgriffen, mit denen Antoine die Flasche entkorkte und das Weinglas mit der Eis Birne auf das korbgeflochtene Tablett stellte, dass sie versiert im Umgang mit allem war, was aus Küche und Keller kam. Auch die Melone mit herrlichem aprikosenfärbigem Fleisch war behände aufgeschnitten und entkernt und fand auf einer ovalen Kristallschale Platz. Die hauchdünnen Prosciuttoscheiben aus eigener Schweinezucht und eigener Herstellung, wie gesagt Stefano hatte ihn eben gebracht, ordnete sie auf einer Platte aus schwerem Silber an. John mochte zwar Schinken mit Melone, aber nicht Schinken auf Melone. Nicht zwei Dinge zusammen, sondern schön nacheinander, war immer seine Devise gewesen. Er hielt es so bei jedem Essen. Und er legte Wert auf naturbelassenes, frisch zubereitetes Essen, wenn möglich aus eigener Herstellung.

Als Antoine einige Scheiben vom frisch gebackenen Weißbrot abschnitt, kullerten zwei Oliventeile aus dem lockeren Teig. Kunstvoll stopfte sie sie wieder in die so entstandenen Löcher zurück und begab sich mit den zwei Tabletts aus Korbgeflecht voll der Köstlichkeiten zum Seepavillon. John liebte das Geräusch, den die im Cooler rollenden Flaschen zusammen mit den klappernden Eiswürfeln verursachte und bereitete zwei Stühle vor. „Toni, du bist eine Perle. Zeig doch was du vorbereitet hast und setz sich zu mir!"

Es war nicht leicht, ihren Typ zu beschreiben, aber sie imponierte John mit ihrem natürlichen Auftreten, ihrer sicheren Art mit ihm umzugehen - nicht zu vergessen ihrem umfangreiches Wissen auf dem Gebiete des savoir vivre. „Warum Toni, Antoine, haben Sie ein eher mediterranes Aussehen, so rundum gebräunte Haut einerseits und einen so deutschen Familiennamen", sagte er, nachdem er zielsicher 2 Gläser mit Wein aus der neuen Flasche Chardonnay bediente, das Glas leicht hob und ihr freundlich in die dunklen Augen sah.

„Das fragen Sie mich erst jetzt, nachdem ich zwei Jahre bei Euch verbracht habe? Haben Sie meine Referenzen nicht gelesen, John? Da steht alles drinnen!", sagte Antoine. John erinnerte sich lediglich, dass Helen ihm gesagt hatte, Antoine käme aus gutem Hause und habe dort alles gelernt, was sie auch hier, auf ihrem Gut brauchen können - dass sie außerdem in Paris studiere und sich für Italiens Kultur sehr interessiere. Mehr hatte ihn bis jetzt noch nicht interessiert. Heute war ihm aber danach, sie etwas genauer kennen zu lernen.

Die geschliffenen Rosetten im Kristallglas, das Antoine gegen die gelbliche Nachmittagssonne hielt, funkelten John entgegen, genauso wie ihr selbstbewusster Blick. „Tut mir leid", erwiderte er, „aber Ihre Einstellung lag in Helens Hand. Ich vertraue ihr in allen Personalfragen. Ich selbst kümmere mich um die Gedanken, die Seele, das Flair hier. Ohne Gedanken keine Seele, ohne Seele kein Flair. Und dazu braucht man vor allem Zeit, viel Zeit, Charisma. Also heraus mit der Sprache, Woher kommen Ihre funkelnden Augen und stahlblauen Haare?" John wagte es, ihr leicht über die Frisur zu streichen und entfernte dabei zwei bis drei Strähnen, die ihre linken Augenbrauen halb verdeckten. „John, was machen Sie da?" sagte Antoine, ohne auch nur im geringsten die Fassung zu verlieren und richtete ihr Haar etwas zurecht, blies aber mit einem gekonnten Luftstoß die hereinhängenden Strähnen wieder dorthin zurück, wo John sie haben wollte. „Siehst du", sagte John, „so gefällst du mir. Eine schöne, römische Stirne sollte man zeigen." „John, ich habe kein römisches Gesicht. Mein Vater ist Deutscher und meine Mutter stammt aus Marseille. Sie haben sich vor 20 Jahren in Cannes kennen gelernt. Beide volontierten dort im Carlton. Mutter an der Rezeption und mein Vater größtenteils am Strand. Fünf Jahre später heirateten sie und führen derzeit ein Relais de Campagne in Chartres, nicht weit von Paris." „ Also läuft eher griechisches, vielleicht sogar phönizisches Blut in deinen Adern. Trink noch ein Glas mit mir, Toni!", sagte John darauf.

Verdammt! ", zischte Helen, die linke Hand am Lenkrad und mit der rechten ihre Handtasche und die Tennistasche durchwühlend. „Wo ist nur diese Karte, von diesem Dott. Cleulis? Ich sollte ihn doch, bevor ich ihn aufsuche, von unterwegs anrufen…

1995 korr. 1999

Sachsenhausen

Sachsenhausen ist eine Stadt
Keiner was zu lachen hat
Alles dreht sich um Haus und Garten
All mögliche Gemüsearten
Um Büsche und um Beete
Frage, wer das jemals jäte.

Vater ist's im Gärtnerschürzel
Im Munde noch den Bürzel
vom holzkohlegegrillten Huhn
Wohin soll er ihn tun
nach stundelangem Blankgelutsche?
Dass er in den Schlund nicht rutsche
spuckt ihn aus in Nachbars Gartenreich,
den wunderschönen Bioteich.

Selbiger mit Inbrunst wunderbar
Erst angelegt im letzten Jahr
Mit allem Drum und Dran -
Hier zeigt sich was ein Nachbar kann -
Mit Sturzbach perpetuum
Schilfgegrase rundherum
Fischerlverstecken und Beleuchtung indirekt
Hat er eine Mille reingesteckt.

Und jetzt des Nachbarn Bürzelrest
Den Biowerker fürzeln lässt

Denn immer wenn er aufgeregt,
Er einen durch die Hose fegt
Langsam, dann beim Untergehen
lässt er's leise weiterwehen.

Ein Signal für seinen Knecht
den 6 Kilo schweren Hecht.
Trainiert für solche Fälle
herausschießt mit Geschnelle,
den Bürzel erschnappt
das Maul zugeklappt
dem Verdauungsprozesse zugekehrt
des Nachbarn Angriff biologisch abgewehrt.

Und als Epilog:
Ruhe nach Sachsenhausen wieder zog

Dezember 1999

Der testosteronlose Geschirrspüler[18]

Ein abgewrackter Geschirrspüler wiehert wie ein
alter testosteronloser Hengst
tausend Glockenblumen zittern ängstlich
wenden sich ab beschämt
nur am Abend gibt es Trost
im Grau der hereinbrechenden Nacht, wenn die
Sirenen schlafen gehen und Tautropfen ihre ers-
ten Fäden ziehen.
Nehmt euch Zeit zu schwingen, unentwegt zu
schwingen, immer wieder schwingen.
das wird sicher belohnt
Belohnung für frierende Stille der Nacht.

A scrapped dishwasher braying like an old tes-
tosterone-deficient stallion
thousand bluebells shiver
turning away ashamedly
In the evening only there is consolation
in the gray of the dawning night
when the sirens go to sleep and dewdrops draw
their first threads
Take your time to swing, unswervingly swing,
repeatedly swing. That will surely be rewarded
Reward for freezing silence of the night.
2013

---

[18] Version 2013 – Original 2003 (Softwareübersetzung ins Englische)

In der wüste rapped das skorpion

wehe wenn ich an den ------------------ denke
dann eitern die beulen der…………………..
wenn ich …………………. höre
dann wimmert mein ………………………
scheinwimmert mein herz
donauterzen schwängern misskonzepte
am altar der häresie schwippt lule nie?
findet relgeits tropen? tachert geizhab schoten?
da hab ich studiert, da ließ ich federn
hier gab ich alles, hier leb ich leben
hier mag ich leben
nur: scheidets geister
geister nach schierer manier
buckel machend, muckel bachend
ein grausig tier schleicht durch österreich
und wälzt den teich
ungesiebter sektenschleim blendet schleich
ein rapsölzwentendorfglykolüberfremdungs-
arschloch noch nie so roch
erholung ist weit entfernt
das opensightedly nicht lernt
zwacken säckelschinder alles ab
schnipp schnapp, schipp schapp
halt's den haider ab
holt's ihn ab
ab ab ab FINE: NO DA CAPO
2003

breitenlehen

breitenlehen ist die wonne mein
hegen will ich jedes schwein
vom schaf den mist schlürfen ich will
würze die sauce mit schwarzem dill
setze die blumen im wind
schaufle die beete geschwind
arbeite mit frühfanz
am morgen lahm
weil gesogne molize
am besten gelingt
am besten gelingt mit
sokt wie tau am abend
an brauofens weißer glut
wenn das nicht rammstein überragt?

2003

die g-saite schnappst

die fliege kriecht den oberschenkel
am weiß der beigen jeans
bluttrunken schallt der rauch
der mehrsamkeit
Maurice Ravel sickert ein
und geigt wasserarme stelle
saugt noten mit hymnischer ruh
liebe regiert kochbücher
laugt gürtellinien
mit partiturbedarf am umgang der natur
efeubewachsene art deco wand
blendet obdachvolle kotaumacher
dekantierungs faux pas
schwellt gemeinsamkeit

Oktober 2004

firlefanz

firlet den fanz
mummet den schanz
decket den schwanz
schmiert die glut
schert den brei
dreimal um den ofen
geht das spiel
sonst kostet das leben vielmal zu viel
November 2004

Irak 2004

Jetzt erst wird es jedem klar: Die Niederträchtigkeit der Menschen liegt nicht an den Tyrannen, Diktatoren, Hitlers, Stalins, Bushes, Sadams, Milosevic, Sharons, etc. – nein er liegt lediglich und schlicht ergreifend an der Dummheit und Primitivität der Menschen, die diesen Typen auf den Leim gehen.

In Ihrer Dummheit erliegen sie seit Jahrtausenden den Parolen der Obermörder und werden selbst zu Schändern und Mördern und sind seit Jahrtausenden erpicht, ihre Mordsgeschichten und Torturen mit Befehlsnotstand zu verschönern. Mumpitz!! Es gibt keinen Unterschied zwischen Untermördern und Obermördern. Alle sind sie schuldig. Was da im Irak (und leider an vielen anderen Orten der Welt) passiert ist eine Wiederholung von Dummheiten, die unserer Welt zur dümmsten Sozietät des Kosmos gemacht hat, wenn dieser Superlativ erlaubt ist. Man weiß es ja nicht. Die Möglichkeit, dass es noch dümmere Wesen im Kosmos gibt, ist aber fast ausgeschlossen.

Prämisse:

Je dümmer das Volk, desto dreister die Obrigkeit.

Conclusio:

Liebe Leute, bildet euch, nur so können wir die Dreistigkeit der da oben zügeln, zum Wohle der ganzen Menschheit. Oder wollen wir dem eigenen Untergang tatenlos zusehen?

seewinkel

segenreicher obstgeifer
schiebt den nebel
der allesgeister dahin
und rebelt den ahornbaum
mit afterweide über steppische heide
teil des winkel am see
ohne blaufränkischen zu vergessen
im gegenteil: ihn zu essen
am see unter den zittrigen erlen
sickernde kohlengruben
schnieben den tan satz
zan trat reif siegen
sebler kann seiten reif
silgana bad randband
rinnt bissend schleinarnend
ok die saat, wenn sie gut
xx2yt[12]
eimerweise erschloss sie
das wimmernde gebälk
seines hammelkopfes
aus dessen spalten
unheit der klosssprossen schoss
leib meiner, speise mich
selig manna, nektar der vernunft
mit bauchleiden kontinuiert sich
die milzsonne im oktobermund
Illmitz, Oktober 2004

Sieg heil

Sieg heil riefen die Recken
Sieg heil zum tausendsten Mal
Was soll das gewesen sein
Eine Umartung der Artigkeit
Zur n-ten Potenz
Eine Schande für die ganze Menschheit
Was soll's
Schau auf's Heute!
Was bereitet uns das?

Oktober 2004

taigǝ schnurrt

taigǝ schnurrt ziemlich
kaiga wurrt dienlich
scheiden nutzt wienlich
was bleibt ist tun
tun ist dienlich
tun ist freie heit
seit tun frei ist
ist -heit tun
tu da -heit heut
dann dient es der freut
selten roman schickedanz
schickelgruber mummenschanz

Oktober 2004

Gestörte Göre

Seht was die Tonne birgt
Geht das nie ohne Wirt?
Sachte kommt Amme angerannt
Möchte echte Hechte essen
Mit Ribiseln in Kirschenlikör
Empörend gestörte Göre!

2005

tauche in stille

tauche in stille
stille mit mir
mir und nichts
nichts und allem
allem und nichts
nichts ist was
was ich tauche
tauche in stille ab

Euer Hannes

Fürstenbrunn, am 14. 8.2006 [19]

Kurt's Furze

Furze furzen sufurt furt
Furze furzen turt gurt
„Furze furzen", schnurrt kurt
„Turt gurt" und knurrt
N'un furz
Hurvur unturm schurz

September 2006

---

[19] War es Vorahnung oder nicht. Jedenfalls bin ich im Oktober 2006 abge-
taucht in die Finsternis der Herzchirurgie und wohlbehalten wieder aufge-
taucht

WUT [20]

Wut verspürte er oft
Wenn er diese Gestalten sah
1 Bein, 2 Beine weg
1 Arm, 2 Arme weg
Diese heimtückischen Minen
Waren nie wählerisch.

Wenn Armut im Beutel und
Armut im Geiste einen Namen hat
Dann ist es dieses Land
Dann sind es diese Leute

So oft er es auch besucht haben mag
Er wusste den Grund für all dieses Leid,
diese Verstocktheit,
diese Falschheit nicht

September 2006

---

[20] Nach eindrucksvollem TV Film über Afghanistan, September 2006. Minen, Krücken, Prothesen, gestohlene Prothesen etc. Unglaublich, schändlich, aber wahr.

Es gibt so viel Freud im Leben [21]

Wie schafft es der Mensch so viel
Freud zu erleiden?

Die Welt ist voller Freud
Der Mensch ist auf der Welt,
um Freud zu erleben.

Der Mensch hat die Pflicht,
seine Rolle mit Freude zu erfüllen.

Dies ist der Sinn des Lebens.

Der Sinn des Lebens ist, die Verantwortung,
die man sich und den anderen gegenüber hat,
mit Freude zu erfüllen

2007

---

[21] Oktober 2007, offensichtlich unter dem Eindruck der Lektüre Frankls
gesammelter Werke

Der Bischof von Werfenau [22]

Der Bischof von Werfenau
thront trotzend über dampfendem Tal.
Kennt seine Tanen genau -
lädt ein zum fürstlichen Mahl.

Ird'ne Schalen und Becher zum Bersten gefüllt,
mit edler Speis und köstlichem Trank,
erscheint der Herr in Würde gehüllt.
Empfängt die Gäste mit innigem Dank.

Erhöht den glorreichen Tag.
Kündet fromm Überraschung.
Ruft auf die, die er mag,
zur großen Fußwaschung.

Er waschet, knetet und windet den Fuß
in kühlem Bache ganz schnelle.
Er trocknet und küsset allen zum Gruß
Es plätschert lustig die Quelle.

Dann da die Waschung zu Ende,
kehr'n sie zur Labung zurück,
geben sie sich alle die Hände –
erfreu'n sich am ewigen Glück.
Ostern 2008

---

[22] Der Bischof von Werfenau ist eine Anspielung auf Freund Hans Paul, der in einem Rinnsal auf seinem Grund tatsächlich österliche Fußwaschrituale durchführte. Das Foto auf der nächsten Seite zeigt den Bischof, gezeichnet, von vollführter Obsternte

Der Tan

Der Herr zum Knechte spricht:
Fürchte mich nicht
Ich bin dein **Ti**tan
Und du mein **Unter**tan

Der Knecht einflicht:
Untertan will ich nicht
Möcht' sein fortan
Nicht mehr, nicht weniger als dein Tan

Ob dieser Worte der Herr fast erbricht
Ergreift am Kragen den armen Wicht
Schüttelt ihn – lacht ihn an
Überlegt und sagt: komm trink mit mir Kumpan!
Ostern 2008

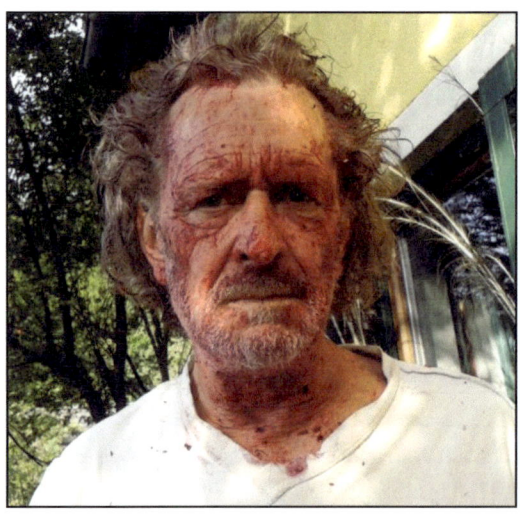

Hans Paul Fussek nach der "Kriachal" (*Prunus domestica* subsp. *Insititia*) - Ernte

Die Morawische Nacht von Peter Handke [23]
Progressiv (lesend) empfunden und rezensiert

Seiten 1 – 60

Öde bis jetzt. Habe bei jedem Wort das Gesicht Handkes vor mir, das die Fadesse und Trostlosigkeit von Porodin, seiner Umgebung und dessen Leute und Leben widerspiegelt.

Ich hoffe, es ist in Handke selbst nicht so öde, wie bis jetzt der Eindruck. Technisch ist zunächst der Aufbau einer Rahmenerzählung zu erwarten. Handke geht auf den ersten 60 Seiten nie in die Tiefe, sondern bleibt zunächst, wie es scheint, an der Oberfläche der Banalitäten.

Was mir nach 60 Seiten am tiefsten in Erinnerung bleibt, ist der stinkende Auspuff des Busses, welcher unzählige Jahre auf dem Buckel hat und ein schweres, weil rückendes Dasein fristet. Die Seelen der schemenhaft erscheinenden Protagonisten schweben schwadenhaft durch den Erzählrahmen und man weiß nie genau wie ihnen ist. Gut ist keinem, auch nicht dem kläglich bellenden Rehbock in der Nacht, von welchem man auch nicht genau weiß, ob er tatsächlich einer ist.

Ich muss lernen zu verstehen und mich nicht langweilen lassen bei der Reise durch die Morawische Nacht. Darin einzutauchen bedarf gewisser Muße. Die habe ich ja hier

---

[23] Peter Handke, Die Morawische Nacht, Suhrkamp, 2008

in Agadir während meiner marokkanischen Nächte und Tage, die behände[24] floaten wie der stete Wind und das Rumpeln des Atlantiks.

S. 61-113

Ich fresse mich weiter durch die Morawische Nacht und muss hier gestehen, dass ich ja Handke bisher noch nicht gelesen hatte. Nach 113 Seiten, heute am Neujahrstag in Agadir, kommt mir erstmals zu Bewusstsein, dass er eine harte Nuss ist. Man muss sich einfach mit den Oppositionen, Gleichsetzungen und Versteckspielen abfinden. Es blökt der Milan, die Schafe pfeifen, der Bus rülpst sich durch die Gegend. Alle Leute tun etwas gewiss nicht, worauf sich herausstellt, dass doch etwas geschieht, das sich genau als das zeigt, was als Nicht-zu-Geschehendes beschrieben wird - in seiner Rahmenerzählung - die, obwohl von mir anfangs vermutet, dass sie wahrscheinlich keine werden würde, dann doch eine geworden ist – nämlich genau in dem Moment in welchem sich der rülpsende Bus, zwar gemächlich, aber doch stetig, in Bewegung setzt.

S. 114-220

Das winkende Kind und die Steine am Fenster des Busses führen uns zu einem wahrscheinlich wichtigen Thema: dem balkanisch, chronischen Unverstand und Gegenseitighass und den Folgen des letzten Krieges dort. Klar weiß ich derzeit noch nicht, was sich auf den nächsten

---

[24] ‚alte' Schreibweise des Wortes behände lt. Rechtschreibreform 2006

440 Seiten abspielen wird aber nach etwa 220 Seiten werde ich von Handke weggeführt von dem Nachkriegs-geschreiße[25] in andere Sphären.

S.221- Schluss

Kaum in Serbien, eilt die Handlung nach Spanien – einfach so – zum Kongress der Stille. Der Möchtegernautor – das nicht mehr schreiben wollende Handke-Alterego – entführt uns zu einem spanischen Poeten, der uns seinerseits in sein Universum des Nicht-Geliebtseins entführt. Handke kränkelt da mit der vielschichtigen Existenz des Autors per se, mit dem Unverständnis, das man ihm entgegenbringt, mit dem Ungeliebtsein, mit den Zweifeln an sich selbst. Aufhören oder nicht, die Feder weglegen oder nicht, das notorische Alleinsein-Müssen und Wollen, das ersehnte nicht Alleinsein-Wollen, das ersehnte Bewundert-Werden, allein der ungewöhnlichen Fähigkeiten Sprache zu formen wegen. Sprachspiele, Reduplikationen, Metaphern, Metonyme, denkmalerisch, sprechdenkerisch, wie Autoren es halt tun und halt sind, Oppositionen werfend, Wortgeschöpfe speiend, wie Salzparfumschwade, herausgeschwanzt, wobei nicht fern von Gebetbankdrückern das Licht blakt und etwa sich Schmerzschweiß durch Musik pochenden Autos produziert – in diesem oder jenem Augen- und Nichtaugenblick, man weiß es nicht, man will es nicht wissend machen.

---

[25] In Anlehnung and Alfred Jarry's Sprachdeformationen in ‚Père Ubu'

Von der Seele des spanischen Autors zurück zum Nicht-Mehr-Autor auf der Morawa, der Handkes offensichtlich misogyne Seite aufdeckt. Für Frauen ist bei Autoren scheinbar kein Platz. Die Aggression gegen sie geht bis zum Aufspießen der ungeliebten Geliebten am Gartenzaun. Was muss dieser Autor, was muss Handke leiden? Aber so ist es halt, obwohl es durchaus sein kann, dass es nicht immer so läuft.

A la recherche de son temps passé führt der Weg durch Europa nach Dalmatien und Spanien weiter in den Harz, ja ganz banal in den Harz, der das Non-Plus-Ultra der deutschen Banalität schlechthin ist. Aber doch der Ort, in welchem der Nicht-Mehr-Autor fündig wird und Spuren seiner Mutter und seines Vaters erheischt. Diese Verbindung vermengt sich mit dem Gesamttenor des Buches: zwingende Trivialität des Daseins aller, eingesponnen in durchaus nicht triviale handkesche Wortgeflechte.

Lieber Handke Leser und solche, die es werden und bleiben wollen! Schweift bei der Lektüre nicht einen Augenblick ab, wer weiß, ob Handkes Hand dir nicht schon entschwunden ist, vom Zitronenfaltertag, in dem du dich gerade befindest, mitten in den Falkenschreitag oder etwa in den Hummelsterbetag, oder ist es doch der Winzfröschevölkerwanderungstag, während du abwanderst von ihm?

Handke produziert behände Sprachbrause, lässt Blasen mit wiederum kleinen, daran haftenden Bläschen anschwellen, leicht oder schwer prickelnd, tanzend platzen und zusammengehen in sich – nichts als Nichts hinterlassend.

Ist der platzende Existenzialismus Handkes etwa ein Nihilismus? Das Negieren jedes Beziehungswillens und die daraus resultierende Beziehungsunfähigkeit des morawischen Nicht-Mehr-Autors, des Künstlers schlechthin – eine nihilistische Platzblase par excellence? Entspringt sicherlich der panischen Angst vor dem Falschschönen oder Schönwahren. Ist es nicht der Todwunschblick und das Glimmerriesenbuckeltier[26] in einem Nachtmahrmoment[27] welcher uns mit Traumgegaukel den nihilistischen Touch ausreden will?

Nein, denn Schwarz-Weiß-Malerei findet man bei Handke nie, im Gegenteil, derartig Unpolares, wie Handkes Schreibdenken oder Denkschreiben, ist rar. Multipolarität ist sein Begehr. Ja kein Ja, ja kein Nein. Ein verstärktes Ja, ein abgeschwächtes Ja, das kein Nein ist und keine richtigen Neins, sondern verstärkte und abgeschwächte Neins, die aber keine abgeschwächten Jas sind. Es sind nur Facetten einer nach innen und außen offenen Sprachaxonometrie. Fragt man sich: wer sind eigentlich de Leser, die die Muße haben, in Handkes Sprachblasen

---

26 = die Karawanken
27 Peter Handke, Die Morawische Nacht , Suhrkamp 2008, S. 464

einzutauchen? Sicherlich weder Lore Stanzengruber noch Heinz Kunzig oder weißgottirgendwer. Können nur elitäre Literaturmasochisten (im geilen Sinne des Wortes) oder Wissenschaftler und Critices des Müssens sein. Was ändert diese Aussage? Nix: Handkes Fadesse aus den ersten 60 Seiten ist im Laufe der Lektüre einem ameisenhaufenhaften Gewurle von Sprachblasen, Tiraden, Wortsprudeln, gordischen Erzählungszöpfen gewichen, welche sich am Ende des Buches ganz spektakulär und unspektakulär wieder in weichende, schwadenhafte Platituden auflöst.

Handke ist anders anders – er hat mich beim Lesen nicht nur erregt, er ist in mich und meine Feder gefahren. Dare-Devil! Ermutigt mich, so, wie ich seit mehr als 40 Jahren als Autor-im-Stillen, Literatur gemacht und gedacht habe, weiterzumachen. Sprache ist kein Korsett, Sprache ist eine Freiheit, eine Möglichkeit - nicht um Gedanken zu fassen – sondern diese aus der Beengtheit des Gehirns ins Universum zu sprühen! Sprache als sich permanent ausdehnender Gedankensprühnebel. So mag es sein.

Agadir, Dez./Jan. 2008/09

Dorf bei Tafraoute(Marokko) – aus dem Skizzenbuch des Autors.

Frühlingsspaziergang in Mooswiesen
Stehgreifprotokoll, im Gehen aufgenommen Mai 2009 [28]

Der Kegel des Eichenbaumes spendet Schatten
führt mich über die Wiese, den samtenen Teppich
voll trockener Halme, Blätter, Halme blumenreich
Boten vom Herbst stehen noch
wunderbares graues Gras, Halme, Schilfhalme
vertrocknete Distelköpfe
und trotzdem wieder frische Erlensträucher
stille Brücke über das Wasser
führt mich ein in ein Reich kleiner Kanälchen
Wiesen, Büsche, Brennnessel schlagen den Stock
eine Wundersamkeit der Stille
hoch der Jäger sitz thronend
darüber die Hollunderstauden harrend der Blüten
und zürnend der lange Berg
das Massiv leicht schneebedeckt
frohlockend mit abgeholzten
und wieder aufgeforsteten Hängen
die Pusteblume schweigt
Wie ist das Grün so schön
so gelbgrün, so frischgrün
so lila grün, oh God, man I like you
Ich muss sagen, die Halme kitzeln mich
am Unterschenkel

---

[28] Stegreifprotokoll eines Spazierganges von Fürstenbrunn nach Gois, ambulierend ins Diktiergerät gesprochen

ganz schön warm
der Sauerampfer wartet der Labung
der Schierling kommt von draußen
der Hahnenfuß, den die Kühe nicht mögen
doch , weiche Erde ich liebe dich bis zum Verzehr

Im Vordergrund ein Dunghaufen
dann diese herrliche grüne Hecke
von Eichen und anderen Sträuchern
davor die noch erbraunte stelle
mit dem Schilfgras und die Leiter die aufsteigt
zum Hochstand der Jäger
und rechts in der Ferne der weg
nicht betoniert sondern schotterführend
eingesäumt von Büschen und glänzend

Die Vögel sind glücklich
und singen ihr Lied
wie einfach das ist

Der Dackel zieht seine Runden
und schnüffelt den Kies
wie einfach das ist

Hört die Vögel
die Lerche pinselt den Weg
wie gut sie riecht
es schnarrt der Fink

Bäche fließen einander zu
wie einfach das ist
Endlich modert's frisch von der Seite
Der Atem mag sie, diese Frische
von Bächen strömt's   einher
ionisiert
Da die Kastanie da die Buche
da der Ahornbaum
wieder so ein Geruch
schwer, schwer, schwer
die Sumpfdotterblume im Bach sich erhebt
und mich anstrahlt
impertinent
Mit welcher Kraft fuhr der Wind durch diese Fuhrt?

Mai 2009

Mooswiesen bei Salzburg - Bleistiftzeichnung des Autors

Hochzeitsrede:

Liebe Caro, lieber Markus, liebe Emilia, liebe Verwandten und Anverwandten, liebe Freunde und gut Gesinnte aus Nah und Fern! [29]

„Ein Mensch für sich allein ist nichts, aber zwei Menschen, die zusammen gehören, sind eine Welt."

So eine Welt hast Du Dir gebaut, liebe Caroline, Schatzerl, Katzi, Mausi, Mausischatzi, mon bijou, Baunkerl, tesoro, Mutzikatzi, ma merveille, carissima Caro, meine Tochter, Erstgeborene von 3 Diamanten, die wir, Dagmar und ich, in Liebe in diesen Kosmos gestellt haben. Jetzt hast Du alles besiegelt. Letzten Samstag vor dem **Gesetz** unseres schönen Landes – und das bedeutet schon viel – heute vor **Gott** und den Deinen, die Dich alle lieben. Eine Bindung in Liebe zu Markus, deinem Ehemann, und Emilia, Deiner Tochter, ist damit in Ewigkeit besiegelt. Dazu gratuliere ich Dir von Herzen, dazu hast Du den ganzen Segen von Ma und Pa. Mag Eure Familie in der bisher gepflegten, liebevollen Beziehung weiterhin blühen und gedeihen.

Markus mein Sohn, du teilst jetzt mit uns ganz **offiziell** diesen Schatz, mit allen damit verbundenen Aufgaben, Ecken und Enden, Freuden und Leiden. Du hast ja während deiner bisherigen Beziehung schon oft verspüren müssen, dass Diamanten neben schillernden **Facetten**

---

[29] Hochzeit der Tochter Caroline 2010

auch manch **Ecken und Kanten** haben. Einerseits brilliert und schillert unser Diamant, wenn alles um ihn/sie strahlt und lacht, andererseits kann man sich an seinen/ihren zahlreichen Ecken und Kanten ganz schön **wund** stoßen, wenn Schatten einher ziehen.

Deswegen eine große Bitte und Empfehlung an Dich zugleich: **Versuch** erst gar nicht ihre Ecken und Kanten zu schleifen, gleichsam zu runden. **Das** funktioniert nicht. Du würdest doch nur noch **weitere** Ecken und Kanten produzieren. **Rund** gibt's eben nicht – das lehrt uns die **Physik** und **Mathematik**. Deine hoch verantwortliche Aufgabe wird daher schlicht und einfach **sein**, eine **Basis** für Dich und Deine Familie zu schaffen, wo **Schatten** höchsten **kurz** vorüberhuschen und zum Ver**weilen keine Bühne** finden und wo Euch alle Lichter der Welt leuchten mögen.

Ihr habt somit entschieden, Euch endgültig aus den Muttergesellschaften auszugliedern und in Hinkunft mit einer **eigenen** Gesellschaft und **eigenen** Strategien Euren Weg zu gehen. Bedenket **wohl**, dass die Träume und Visionen Eurer Elternhäuser in Euch weiterleben, dass Eure Weltanschauung, Kultur, Tradition und Ethik durch Eure Eltern geprägt sind und Euch euer ganzes Leben begleiten werden. **Zehret** davon, denn wenn man das Resultat dieser gelebten Werte – Euch zwei - betrachtet, so haben wir **gut** getan, wohl wert einer Weiterführung und Weitergabe durch Euch.

Caroline, noch ein **persönliches** Wort: Mit der Familien-gründung und Eheschließung hast du als Frau und Mutter eine ganz große Aufgabe übernommen. Eine Aufgabe, die einen **ganzen Menschen** beansprucht. Ein **ganzer** Mensch bist du, das kann ich hier vor **allen** bezeugen. Du bist stark genug, diese Aufgabe zu bewältigen, dessen bin ich mir **sicher**. Ich **weiß** aber auch, dass du in deinem **Innersten** fragiler und empfindlicher bist als es **scheinen** mag. **Natürlich** kochst du leicht über, du verlierst leicht die Nerven. Das ist dein Naturell. Deswegen mein **Rat**: nimm in Hinkunft doch alles gelassener, mit Freude, La-chen und Geduld. Was Deiner Meinung nach geschehen muss, geschieht auch ohne Hast und Druck. Und wenn es nicht geschieht, dann **kratzt** es doch die **Eiche** nicht. Ver-such also, mehr stämmige Eiche als wiegend Schilf, das beim leisesten Hauch sich bebend rührt, zu sein, meine Liebe. Markus, Emmi und alle anderen und du dir selbst werden dir es danken. Mit der Entscheidung, die du nun getroffen hast, ist die Türe zu deinem Elternhaus natür-lich **keineswegs** zugefallen – im **Gegenteil** – sie ist nun weiter offen als bisher – um für Dich, Markus und Emilia und wer da immer noch folgen mag – Platz zu machen. Unsere Türe steht Euch immer offen, solange wir da sind.

Ich um**arme** Dich. Ich umarme **Euch**. Ein **Hoch** auf Caroli-ne, Markus und Emilia. Ein **Hoch** auf die junge Familie Unterkirchner, ein **Hoch** auf das Brautpaar. Es lebe hoch.

2010

Heute an Caro

Wenn man sich den Strom des Lebens als einen Fluss vorstellt und die Menschen als die darin rollenden Steine, so ist es ganz klar, dass diese sich je nach Größe, Unge-schliffenheit und Flussgeschwindigkeit immer wieder aneinander reiben.
Das schleift sich je nach Dauer und bereits zurückgelegter Strecke mehr und mehr zum Automatismus ein. Das ist ganz natürlich und dauert so lange bis sie immer runder und kleiner und kleiner werden, bis nichts mehr von ihnen da ist.
Das war's dann, und alles landet im großen Ozean und verteilt sich dort in kosmische Energie. So einfach ist das. Man muss sich dessen aber in jeder Situation bewusst sein und wissen, wie unnötig und kleinmütig es ist, sich in gewissen Momenten größere Gedanken darüber zu ma-chen, wie man diese Fließ- und Reibordnung wohl beein-flussen könnte.
Reibung erzeugt Energie. Und die muss fließen. Sonst geschieht nichts. Das einzige, was wir möglicher Weise tun können, sind nötigenfalls gar nicht so einfach durch-zuführende Gewichtsverlagerungen anzustrengen, um schwerwiegende Kollisionen zu vermeiden.

Bussis Pa

2011 Als Trost an Caro

Impressionen aus Savudrija

Wenn der tag mit der bucht eins,
wellen mit booten verrinnen,
menschen in ruhe vergehen,
nehm' ich's mit und heim,
heiß raschelnde granatapfelbäume,
am kai steter sucht nach andersland

Juli 2011, Restaurant Andrea – Luka Savudrija

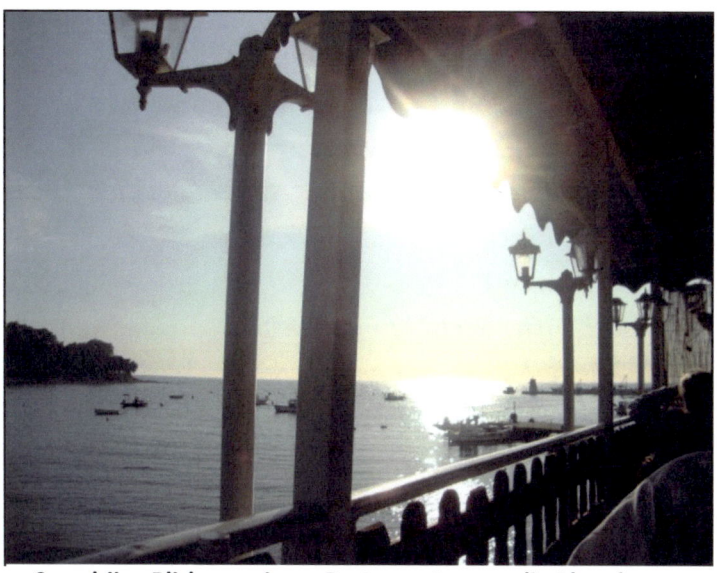

Savudrija - Blick von einem Restaurant gegen die Abendsonne

Declamatio somniculosa

Ich begrüße Sie herz…………………………………… *kannst du das Podium etwas..?* Wie die Einladung Ihnen bereits……. Ja S . H. ……..jeder Autor …………… mehr oder weniger über sich selbst oder kommt in irgendeinem oder anderen Chara……. in irgendeiner oder der … Art ..or. *Wo ist die Seite mit dem Inhalt? Die Beleuchtung ….. ? …. Eine Lampe……….sehe gar nichts ………mehr als 1000 Zuschauer!* …..Titel des …….ist , Gedlang… ehn ..orf …. Bem Bergen ………….'

.... Bem Bergen …………..
Auffällig wohl ………………Tanneholz,
fachwerkartig, von Meisterhand
…….summa summarum ……….der Baukunst der
…….. Talschluß…………… n'klen Höhle

….doch ein eselsohr gemacht………………dwer der Wind….wieder! ….. du mir nicht? ………………so unscharf…… Sie doch den Schirm weg! ………… so schwarz….. jetzt kann ich den Text wieder sehen …………….so bleiben ……Himmel.

,klen Höhle wie Hölle, weich Gewoll krösend
indigoblaue Wolken umkrönen hängend Geäst
die Lippen blau von Beerensaft
entgegnet Begehr nach Wohl….

....Bibliothek des Vaters, nein altkirchenslawische Bi-
bel,...schon verwelkt,...die Ledertasche,..... Zettel, Zettel,
Zettel, Zettel, ... rostet schon, Stahl weich wie modriges
......z! z'flt! Z'flln! ...einmal alles richtig tun! Nein! ....chstes
mal selber!......................s besser! ...nicht mehr fin-
den........n sch...zweifelt! ...ment! ...dlich! Bdichja

Lust der bebenden Brust
fühlt die Säfte fließen
zarte Ströme klebend im Gesicht
verzehrt schreiend die Masse

kopfüber, nicht mehr hoch, nicht zu fassen,...von Papier
eingeregnet, das Rascheln nimmt mich, ersticke im Knäu-
el, nicht mehr da, weg woanders, schöner klarer Morgen
zwischen den Wimpern, das Gedicht noch im Kopf, zer-
schlagen vom Traum- beginne zu schreiben. Ich begrüße
Sie herz.................................. **2011**

2012 Präsentation des ersten Buches „We Rocked Salzburg"

115

Der Schluss des DI [30]

Ist es möglich, einen Gedanken für einen Gedanken zu verschwenden? fragte mich DI eines Morgens. Das kommt darauf an, was du unter verschwenden verstehst, antwortete ich und außerdem hängt es davon ab, wie heilig dir ein Gedanke ist. Wie soll ich das wieder verstehen? erwiderte DI. Nun, verschwenden bedeutet nach der allgemeinen Auffassung, Zeit nutzlos für etwas aufwenden, ohne offensichtliche Folge, verstehst du das? Du lässt also zuerst einen Gedanken schwinden, um ihn auf einen anderen Gedanken zu projizieren.

Ich frage dich DI, kann man jetzt einen Gedanken, der verschwunden ist für einen anderen Gedanken verschwenden. Ja oder nein? Die logische Antwort wäre nach deiner Diktion wohl „nein", sagte der DI. Aber du wirst mir, wie so oft geschehen, die Lösung der Aufgabe nicht so einfach machen. so sage ich „eher ja". Was heißt „eher „ja"? fragte ich. Ist das logisch geschlossen oder alternativ in den Raum gestellt. Ich stelle mir vor, dass Gedanken etwas Wertvolles sind, so wie du es mich immer gelehrt hast. Es mag aber Gedanke A wertvoller als Gedanke B sein. Deswegen ist es sicher Verschwendung, einen großen Gedanken A für einen kleinen Gedanken B aufzuwenden. Liege ich da richtig, Meister? Ja und nein, antwortete ich. Das „ja" ist zwar richtig, die Herleitung aber ist falsch. Mit deinem letzten Syllogismus hast du

---

[30] DI = Discipulus Nr. 1

dich in einen Widerspruch verwickelt. Du hast dich richtig erinnert, dass ich dich gelehrt hatte jeder Gedanke sei so wertvoll wie jeder andere auch. Also kannst du mit einem Gedanken A einen Gedanken B immer nur erhöhen, wenn denn deine Gedanken auch lauter sind, mein Freund. Meister, was sagst du da? Nach deiner Interpretation ist die Frage oder vielmehr der Zusatz „wenn denn deine Gedanken lauter sind" gar nicht nötig oder erlaubt. Das würde ja bedeuten, dass meine Gedanken auch unlauter sein können, also wertloser oder wertvoller als ein anderer Gedanke. Da passt irgendetwas nicht zusammen.

Lieber DI, ich glaube, dass du noch viele Jahre bei mir studieren musst, um die Bedeutung der Worte zu verstehen. Ich sage dir nochmals, alle Gedanken sind wertvoll, da sie ursächlich dem universellen Willen entspringen. Sie können aber in ihrer Absicht und Wirkung lauter oder unlauter sein. Deswegen ist der unlautere Gedanke an sich Verschwendung wertvoller Lebensenergie. Ist dir das klar, DI? Warum schweigst du jetzt? Meister, ich glaube, ich habe jetzt einen unlauteren Gedanken und den darf ich unmöglich verschwenden. Die Antwort ist gut mein Freund. du machst mir Mut, dich weiterhin zu unterweisen. Was ist deine nächste Frage?

August 2011

brief aus der ewigkeit

da steh ich heute und blicke kaum zurück. seitwärts eher. macht breiter das gemüt – zuviel nach vorne eher nicht, denn dann kommt das vorne meist zu schnell – je mehr laterale perzeption, desto weniger frontale konfrontation. früh genug wirst an der zukunft dich stoßen, die immer und überall tödlich dich trifft. gib dem tod 'ne breitseite, dann hat er mehr zu tun und lässt noch mal ab von dir um sich schwächere zu greifen. wenn dann doch die sekunde kommt, in der du hinüberhauchst, geh durch ihn durch – halte dich aber ja nicht mit ihm auf, sondern kehr auf ewig in dich zurück- auf schnellstem wege.

den brief, den du jetzt liest, habe ich dir von drüben geschickt. frage mich aber nicht, wie er es geschafft hat, dich zu erreichen. das ist das geheimnis der welt. du hast mich gebeten, dir einige eindrücke zu schildern von der nichtzeit, wenn ich mich mal in ihr befinden sollte. grundsätzlich ist hier alles anders. du spürst weder zeit noch raum. dennoch nimmst du wahr, dass du, - wie soll ich es ausdrücken – dass du leicht schwebst, aber trotzdem nicht bist, sondern ein alles bist. alles, auch gefühl und perzeption ist in dieser schwebe obsolet geworden. keine sorge, kein bedürfnis, keine leere, keine völle, einfach schwebe. du pulsierst leicht und friedest dich ein – unsagbar leicht, die ströme liebkosend, zerstäubt in teilchenschleier ohne erkennbare form und farbe, meistens grauartig, aber doch immer da. siehst du nicht den

schleier, der da aus den buchstaben kriecht? das bin ich.
saug ihn ein und betäube dich damit, so bist du gleich bei
mir. Es geht ganz leicht. Da bist du ja! ich seh' dich schon
durch die schwaden ziehen. Rücke näher, fühl dich wohl,
hüll mich ein. spürst du die wucht des lots der ewigkeit?

Fürstenbrunn, August 2011

Vielleicht irrst Du Dich da [31]

Steine fließen wohl
von sterbenden Korallen geboren
zu Riffen getürmt
und Gebirgen erhoben
von Wind und Wetter gebrochen
von Bächen und Strömen geformt und gerollt,
zermalmt zu Sand und Staub
schwemmen sie Land
und geben Keim und Frucht
zerstäubend im Nichts der Ozeane
wenn das nicht Fließen ist
soll Biedermann sein Dorf beschruppen
LG HANNES

2012

---

[31] An Tochter Caro

Geben und Nehmen

Geben und Nehmen
Trieb in Trance
fragile Kraft
starke Weichheit
sanfte Wand
juvenile Señora
leichte Hand
weite Sucht
Schnuppen gleich
entschwindend
doch elend gut
wie wohl es tut
sollte es dauern?
sollte es vergehen?
sollte man's ergreifen?
ist's gut, wie's ist?
wahrscheinlich
sonst wär's ja nicht

Oktober 2013

Das Baby mit der Steinschleuder

Er ergriff das wuselnde Wesen
an den zierlichen Beinen,
zwängte es in den Gummizug,
zerrte daran bis sein Ohr ihn juckte,
zielte und ließ los.
Das kleine Ding schoss empor,
einem Kometen gleich,
fuhr seine Flügel aus
und segelte mit den fliehenden Wolken
lustig um die Wette.

Mahdia, Dezember 2013

Der Bananenwurm

Der Bananenwurm
freudig erregt
sich windet
durchs Mark
harrend der Zeit
bis Fleisch nicht mehr so stark

Mahdia, Dezember 2013

Der Wasserpfeifenraucher von Mahdia

Der Blick des Wasserpfeifenrauchers,
ein Schauen in die Tiefe des eigenen Seins
es erscheinen ihm wohl Farben,
es tanzen ihm manch Gestalten
vor Augen und Nase,
nur - sehen tut er sie nicht
mit starren Augen vor allen Herren der Welt

Mahdia, Dezember 2013

Dezember 2013 - Wasserpfeifen im Café Dar el Mehdi, Mahdia

Dezember Abend in Sousse

Palmen trotzen wedelnd dem Winde.
Lachen unter grauem Wolkenmeer
dem goldenen Horizont entgegen.
Den Arganen gleich,
die zitternd blinken

Sousse, Dezember 2013

Neue Sprüche

Das Verweilen am Meer ist das Erfahren einer ganzen Ewigkeit, sofern Du aufmerksam genug bist.

Jeder Tag lehrt dem folgenden Tag etwas Neues
frei nach „Dies diem docet" (Publilius Syrus: *„Discipulus est prioris posterior dies", 1. Jhdt v.Chr.)*

Es ist ein Gesetz, dass Gutes sich nur um den Preis eines vorausgegangenen Übels entfalten kann. **nachTahar Sfar, Tunesischer Freiheitsheld 1903 – 1942, aus einer Inschrift am Tahar Sfar Denkmal in Mahdia**

Gibt es Schöneres als das Gefühl eines lauen déjà-vu Hauches, der jäh durch dein Herz strömt?

Frieden? Das ist vor allem der Innere. 2013

Welcher Unsinn unter dem Deckmantel des Fabulierens hervorkommt ist immer wieder verwunderlich. Sinnierende Literaten wissen weniger als Wasserpfeifen rauchende Bettler in Agadir und noch weniger als Hühnerkragenumdreher in Mahdia

alle Mahdia, Dezember 2013

Weitere Publikationen des Autors:

1. WE ROCKED SALZBURG – Bands und Musiker von der Nachkriegszeit bis in die 1980er,

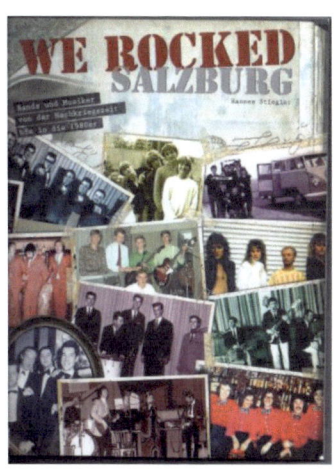

Als Bassist, der speziell Ende der 1960er Jahre erfolgreichen Band „Les Marquis", war und ist Autor Hannes Stiegler selbst Teil einer Ära, die in der Besatzungszeit mit den amerikanischen Jazz-Clubs begann und sich über die Flower-Power-Bewegung bis zum Hard Rock der 1980er Jahre spannt. In diesem Buch beschreibt der Insider mehr als 140 Bands und 500 Musiker aus Stadt und Land Salzburg, hebt Ausnahmetalente wie T. C. Pfeiler, Gerhard Laber, Heli Punzenberger, Siegwulf Turek oder Mike Honzak hervor und beschreibt die Auftrittsorte der damaligen Zeit. Dieses Nachschlagewerk weckt Erinnerungen an längst vergangene, aber unvergessliche "wilde" Tage - und Nächte.

Details:
Cover: Softcover, UV-hochglanzlackiert, Klebebindung
Umfang: 160 Seiten
mehr als 290 Abbildungen
Format: 22 x 28 cm
ISBN 978-3-902692-54-2
Autor: Hannes Stiegler
Colorama Verlag Salzburg 2012
Ladenpreis: 24,95 EUR

2. Der Hauch der Gewesenen

Der Salzburger Autor Hannes Stiegler unternimmt in dieser packenden Schilderung eine Reise in die Vergangenheit seiner Familie. Ausgehend von zahlreichen Besuchen im Seniorenheim begibt er sich auf eine Zeitreise durch Freude, Jubel und Leid der "Gewesenen" und zeichnet in erfrischender Offenheit, gepaart mit liebevoller Aufarbeitung, ein farbiges Sittenbild des letzten Jahrhunderts und besonders, am Beispiel seines dahinscheidenden Vaters, das Charakterbild eines vom vorigen Jahrhundert gezeichneten Mannes.

Details:
Paperback 128 Seiten
2. Auflage April 2014
ISBN 978-3-7357-9038-5
BoD - Books on Demand, Norderstedt
Preis: Druckausgabe € 11,90, Ebook € 7,49

Prof. Mag. phil. Hannes Stiegler 5082 Grödig AUSTRIA
stiegler-consult@tmo.at